本書の特長

① 「先読みのコツ」をすべての問題に掲載

　　共通テストリスニングで高得点を取るために、本書では**すべての問題にヴィジュアルで「先読みのコツ」を掲載**しました。先読みの精度が高まるほど、正解の確率も高くなります。各問題で先読みをすべき箇所が変わってくるので、大問ごとに本書で推奨する方法と自分の先読みが合っているかを照らし合わせてください。

② 間違いやすい選択肢とその理由を説明

　　簡単な問題では、正解の根拠さえつかめば問題ありませんが、**共通テストリスニングの難易度の高い問題では、最後に2択に絞って、なぜ片方が不正解なのかを見抜く力が不可欠**です。すなわち、**自分が誤った選択肢を選んだ際の思考の罠を修正する必要**があります。これが類書との最大の違いになりますが、本書では**間違いやすい選択肢を指摘して、なぜ間違いなのかを徹底的に解説**しました。このような思考の罠は多くの受験生が陥るものであり、本書でそれを修正することで、必ず本番のテストでも力を発揮できることでしょう。

③ 全ページオールカラーの仕様

　　本書は、全ページオールカラーの仕様となっています。単に色を多く使っているのではなくて、正解の根拠となる箇所はピンクでマーカーしています。一方で、間違いやすい選択肢の不正解の根拠を水色でマーカーしています。この色の使い分けにより、素早く正解の根拠と不正解の根拠を把握できるようになっています。最も重要なのは正解の根拠ですが、難易度の高い共通テストのリスニングでは、不正解の根拠をしっかりと持つことも、高得点を取るのに欠かせないので、おさえておきましょう。

④ 効率性を重視して問題数を精選

　共通テスト対策書は、ともすれば問題数が多くなり、ページ数がいたずらに多くなりがちです。本書ではあえて問題数を限定して、ページ数をおさえました。これにより、**多くの受験生が挫折することなく短期間で本書を仕上げることができる**ようになります。受験生は英語以外にも多くの教科に取り組むのが通常なので、**効率を重視して、最低限の問題数で最大の力が身につく構成**にしました。

⑤ 得点力アップにつながる30のPOINTを掲載

　共通テストリスニングの**得点力アップにつながる30のPOINT**を掲載しました。このPOINTには、【脱落】や【連結】、【弱形】などの音声の変化を取り上げています。それに加えて、リスニングで登場する【会話表現】なども取り上げています。POINTで体系的に学ぶことで、知識を広げて、効率よくリスニングの得点力を高めていきましょう。

⑥ すべての問題に「聞き取りのコツ」を掲載

　最重要のPOINTは、⑤の「**得点力アップのPOINT**」で紹介していますが、細かい音声の特徴は、すべての問題に掲載した「**聞き取りのコツ**」で紹介しています。問題を解き終えたあとに、必ず音声を聞いて、細かい音声の変化を確認してください。そして、間違えた問題は、10回オーバーラッピングやシャドーイングをすることをおすすめします。

⑦ 令和7年度の試作問題の解説と対策

　令和6年度までの共通テストの第5問は、ともすれば難易度が高すぎて、受験生にとって厳しいものでした。これを受けて、**令和7年度の第5問は、大学入試センターが発表した試作問題の形式に変更される可能性がある**ので、その試作問題の解説と対策を説明しました。

本書の使い方

① 「全体像をつかむ」で、各大問の特徴をつかむ

　　第1問～第6問までのすべての大問に、「**全体像をつかむ**」というコーナーを設け、特徴を紹介しています。各問題の配点、特徴も紹介しています。まずは、大問ごとの特徴をつかんで、大問ごとの指針をしっかり立てましょう。

② 「先読みのコツ」を見て、解き方をインプットする

　　共通テストリスニングで高得点を取るのに重要なのは、音声が始まる前の万全の準備です。本書では、すべての問題に「**先読みのコツ**」を掲載しているので、それを見て先読みの方法をマスターしてください。各大問の**対策ページでは最初に掲載していますが、「過去問にチャレンジ」では問題演習の次に掲載している**ので、自分の先読みと本書で推奨する先読みが合っているか、確認しながら進めてください。

③ 問題を解いて、答え合わせをする

　　試験本番を想定して、**最初の音声が流れている間に先読み**をして、問題を解きます。答え合わせをして、**間違えた問題をチェック**しておきます。

④ 解説を読んで、間違えた問題を音読する

　　答え合わせをする際には、正解した問題よりも、**間違えた問題とその理由をしっかりと理解することが大切**です。解説にある間違いやすい選択肢や間違いの根拠をしっかりと理解して、自分の間違いを修正します。リスニングで不正解になる理由は、たいていは音声を聞き取れていない、かつ理解できていないことが原因です。よって、音声の聞き取りと理解を促すために、本文をオーバーラッピングとシャドーイングで10回音読します。

⑤ 間違えた問題に限定して、解き直す

　　最初に確信をもって正解した問題は、何度も解き直す必要はありません。しかし、**間違えた問題はそのままにすると、また間違えてしまいます**。必ず解き直して、最初に陥った思考の罠を修正して、正解に行きつく正しい思考回路を身につけてください。

もくじ

はじめに …………………………… 002

本書の特長 ………………………… 003

本書の使い方 ……………………… 005

音声の利用方法 …………………… 009

巻頭特集　共通テスト　特徴と対策はこれだ！ ………… 010

第 1 問　A 1人による短い発話・英文選択問題
　　　　　　B 1人による短い発話・イラスト選択問題

第1問対策　　第1問の全体像をつかむ ……………………… 018

第1問A対策　STEP1　先読みのコツを知る ……………… 020

　　　　　　STEP2　問題を解く ………………………… 022

　　　　　　STEP3　解答のプロセスを理解する …… 024

　　　　　　過去問にチャレンジ**1** ……………………… 030

　　　　　　過去問にチャレンジ**2** ……………………… 040

第1問B対策　STEP1　先読みのコツを知る ……………… 050

　　　　　　STEP2　問題を解く ………………………… 053

　　　　　　STEP3　解答のプロセスを理解する …… 056

　　　　　　過去問にチャレンジ**1** ……………………… 062

　　　　　　過去問にチャレンジ**2** ……………………… 074

第 2 問　2人による短い対話・イラスト選択問題

第2問対策　　第2問の全体像をつかむ ……………………… 086

　　　　　　STEP1　先読みのコツを知る ……………… 088

STEP2 問題を解く　……………………… 092

STEP3 解答のプロセスを理解する　…… 096

過去問にチャレンジ■　………………… 104

過去問にチャレンジ❷　………………… 120

| 第 3 問 | 2人による対話・設問提示型問題 |

第3問対策　第3問の全体像をつかむ ……………… 136

STEP1 先読みのコツを知る　………… 138

STEP2 問題を解く　……………………… 140

STEP3 解答のプロセスを理解する　…… 142

過去問にチャレンジ■　………………… 156

過去問にチャレンジ❷　………………… 172

| 第 4 問 | A　1人による説明文・図表との照合問題
B　1人による説明文・条件把握問題 |

第4問対策　第4問の全体像をつかむ ……………… 190

第4問A対策　STEP1 先読みのコツを知る　………… 192

STEP2 問題を解く　……………………… 194

STEP3 解答のプロセスを理解する　…… 196

過去問にチャレンジ■　………………… 204

過去問にチャレンジ❷　………………… 214

第4問B対策　STEP1 先読みのコツを知る　………… 223

STEP2 問題を解く　……………………… 224

STEP3 解答のプロセスを理解する　…… 226

過去問にチャレンジ■　………………… 231

過去問にチャレンジ **2** ‥‥‥‥‥‥ 238

第 5 問 ┃ 1人による講義文・ワークシート作成問題

第5問対策　　第5問の全体像をつかむ ‥‥‥‥‥‥‥‥‥ 246

STEP1　先読みのコツを知る　‥‥‥‥‥‥ 248

STEP2　問題を解く　‥‥‥‥‥‥‥‥‥ 251

STEP3　解答のプロセスを理解する　‥‥‥ 254

過去問にチャレンジ **1** ‥‥‥‥‥‥‥‥ 266

過去問にチャレンジ **2** ‥‥‥‥‥‥‥‥ 284

第 6 問 ┃ A　2人による長い対話問題
B　4人による長い会話問題

第6問対策　　第6問の全体像をつかむ ‥‥‥‥‥‥‥‥‥ 302

第6問A対策　STEP1　先読みのコツを知る　‥‥‥‥‥‥ 304

STEP2　問題を解く　‥‥‥‥‥‥‥‥‥ 306

STEP3　解答のプロセスを理解する　‥‥‥ 308

過去問にチャレンジ **1** ‥‥‥‥‥‥‥‥ 313

過去問にチャレンジ **2** ‥‥‥‥‥‥‥‥ 320

第6問B対策　STEP1　先読みのコツを知る　‥‥‥‥‥‥ 328

STEP2　問題を解く　‥‥‥‥‥‥‥‥‥ 330

STEP3　解答のプロセスを理解する　‥‥‥ 332

過去問にチャレンジ **1** ‥‥‥‥‥‥‥‥ 338

過去問にチャレンジ **2** ‥‥‥‥‥‥‥‥ 348

| 試作問題 | 1人による講義文・ワークシート作成問題 |

試作問題対策　試作問題の全体像をつかむ　……………… 360

STEP1　先読みのコツを知る　…………… 362

STEP2　問題を解く　……………………… 365

STEP3　解答のプロセスを理解する　…… 368

音声の利用方法

　本書に掲載したリスニング問題の音声は無料でご利用いただけます。各問題ページにある二次元コードをスマートフォンなどで読み込んで聞けるほか、下記の2通りの方法でご利用いただけます。

(1) 音声再生アプリ『my-oto-mo』で再生する場合

①　右の二次元コードをスマートフォンやタブレット端末から読み込むか、下記のURLにアクセスし、アプリをインストールします。
https://gakken-ep.jp/extra/myotomo/

②　「すべての書籍」からお手持ちの書籍を選択し、音声をダウンロードします。

(2) MP3形式の音声ファイルで再生する場合

①　上記のURL、もしくは二次元コード（音声再生アプリのページと同じ）でページにアクセスします。

②　アプリのインストールへ進まずに、ページ下方の【高校】から『きめる！共通テスト　英語リスニング　改訂版』を選択すると、音声ファイルがダウンロードされます。

※　iPhoneからのご利用にはApple ID、Androidからのご利用にはGoogleアカウントが必要です。

※　アプリケーションは無料ですが、通信料は別途発生します。

※　その他の注意事項はダウンロードサイトをご参照ください。

共通テスト
特徴と対策はこれだ！

Q1 まずは、共通テストの英語について、
詳しく教えてください。

　共通テストの英語は、**リーディングとリスニング**に分かれます。**リーディング**とは、**読解問題**と思えばいいでしょう。**広告や掲示、ウェブサイトの読み取り**から、**長めの長文読解問題**まで出題されます。

　リスニングは、英語の音声が流れてきて、それをしっかりと聞き取り、内容を理解して、設問に答える形式になっています。最初は、**1人の発話からスタートして、2人の対話、4人の会話**と、徐々に難易度が上がっていく形式です。

Q2 リーディングとリスニングの配点と
難易度を教えてください。

　配点は、リーディングが100点、リスニングが100点で、英語全体で200点満点です。通常、リスニングが苦手な生徒が多いのですが、**共通テストでは、リーディングの難易度がとても高くなります。**
最近のリーディング、リスニングの平均点は以下のようになります。

	令和3年度	令和4年度	令和5年度
リーディング	58.80	61.80	53.81
リスニング	56.16	59.45	62.35

年度によって、平均点の上下はありますが、令和5年度では、**リーディングの平均点が前年に比べて約8点下がり、リスニングの平均点が前年に比べて約3点上がりました**。今後も難易度は上下するでしょうが、リーディングの難易度は特に注目すべきでしょう。

> **Q3** 共通テスト英語リスニングでは、
> どんな問題が出題されますか？

大問ごとに、簡単な特徴がわかるように、名称を付けてみたので、下の表をご覧ください。

大問	名称
第1問A	1人による短い発話・英文選択問題
第1問B	1人による短い発話・イラスト選択問題
第2問	2人による短い対話・イラスト選択問題
第3問	2人による対話・設問提示型問題
第4問A	1人による説明文・図表との照合問題
第4問B	1人による説明文・条件把握問題
第5問	1人による講義文・ワークシート作成問題
第6問A	2人による長い対話問題
第6問B	4人による長い会話問題

> **Q4** 第1問のAとBは、両方「1人による短い発話」と
> なっていますが、具体的にどういう違いが
> ありますか？

第1問のAは、1人による短い発話を聞いて、その内容に合致する英文を選択しますが、第1問のBは、1人による短い発話を聞いて、その内容に合致するイラストを選択します。簡単にまとめると、**選択肢が英文かイラストかによる違い**です。選択肢が英文でも、イラストでも、**選択肢の先読みが重要**になります。**共通点は無視して、異なる点を先にチェック**しておくと、正答率がぐんと上がります。

Q5 第１問と第２問は、「短い発話・対話」という似たような表現ですが、具体的にどういう違いがありますか？

　第１問と第２問で大きく異なるのは、**第１問は１人による発話で、第２問は２人による対話になっている点**です。よって、第２問は、２人の発言のキャッチボールを理解して、内容を聞き取る必要があります。また、第１問の選択肢は、Ａが英文、Ｂがイラストですが、第２問の選択肢は、すべてがイラストになっています。

Q6 第２問と第３問は、「２人による対話」という似たような表現ですが、具体的にどういう違いがありますか？

　まず、第２問までは音声が２回流れますが、**第３問からは、音声が１回しか流れない**ので、１回でしっかりと内容を理解する必要があります。それに加えて、第２問は選択肢がイラストでしたが、第３問は選択肢が英文で、かつ設問がすでに問題に書かれていることがポイントとなります。つまり、今までは先読みの対象は選択肢でしたが、第３問からは設問を先読みすることになります。選択肢を先読みしていては、すべての問題に目を通すことが難しいので、**設問に限定して先読みすることが重要**になります。

Q7 第４問のＡとＢはどういう違いがありますか？

　Ａは、**英文の内容と図表の内容を照合させて解答する問題**です。一方で、Ｂは、英文の内容から、**条件に合う選択肢を選ぶ問題**です。どちらも、メモを取るとよい形式の問題ですが、特に**Ｂは、メモ欄が問題に用意されています**。事前に条件を理解しておき、

それと照らし合わせて、表に〇、×、△とメモを取っていくと、解答の精度が上がります。

> **Q8** 第5問のワークシート作成問題は
> どういう問題ですか？

　1人による講義が英語で読み上げられて、その内容を要約したワークシートの空所を埋めていく問題です。事前に**ワークシートの先読みをすることが大切**です。また、長い講義の中で、**どの情報に集中して聞き取ればよいのかを事前に準備することが重要**になります。講義全体に関する問題と、グラフの読み取り問題も出題されます。

> **Q9** 第6問のAとBは何が違いますか？

　Aは2人による対話で、Bは4人による会話です。Aは第3問と同様に、設問が先に提示されている形式です。Bは第4問Bと同様に、条件に合致するかどうかのメモを取りながら正解を選ぶ問題です。Bには選択肢がグラフになる問題も含まれています。

> **Q10** 共通テスト英語リスニングで、
> 一番難しい大問を教えてください。

　第5問が突出して難しいと言えるでしょう。講義文自体の抽象度が高くて、長いことが難しい理由の1つと言えるでしょう。かつ、解答に必要な力が、**ワークシートの穴埋め**と、**講義内容全体の理解**と、**グラフの読み取り**の3パターンあることも難しい理由の1つでしょう。ワークシートの穴埋め問題は、空所の周辺情報を先読みす

ることが重要です。講義内容全体の理解を問う問題は、簡単なメモを取りながら、全体を理解するとよいでしょう。グラフの読み取り問題では、後から流れてくる音声以上に、グラフの情報に正解が左右されることがある点をおさえておきましょう。

 Q11 共通テスト英語リスニングの大問ごとの配点を教えてください。

大問	配点
第1問A	16点
第1問B	9点
第2問	16点
第3問	18点
第4問A	8点
第4問B	4点
第5問	15点
第6問A	6点
第6問B	8点

　上の配点を見ると、第1問と第2問で計41点と、共通テスト英語リスニング全体の約4割を占めていることがわかります。難問の第5問は、15点の配点になっています。たとえ第5問で数問落としても、他の簡単な問題を正解すれば、十分に高得点を狙えることを覚えておいてください。

 Q12 共通テスト英語リスニングでは、どんな力が必要とされますか？

　第1問～第6問を通して、**先読みが重要**になってきます。問題によって、どこを先読みすればよいのかが変わってくるので、注意が必

要です。**特に第3問は、状況設定と設問だけを先読みし、選択肢は先読みしません。第5問はワークシートの先読みが重要**です。特に第4問からは、**メモ取りの力も重要**になります。Bでは、**A～Cの条件を満たすかどうかを、〇、△、×を使ってメモを取ります**。第5問は、**ワークシートで先読みした情報に関連する内容のメモ**を取ります。第6問は、特にBで、メモを取る力が重要です。**登場人物ごとに名詞、動詞を中心に聞きながらメモを取る練習を繰り返しましょう。**

> **Q13** 共通テスト英語リスニングで高得点を取るには、
> どうすればよいですか？

　これまでに述べてきたように、設問ごとの特徴をおさえて、先読みの技術を磨くことが重要です。しかし、そもそも根本のリスニング能力である、**英語の音声を聞き取る、理解するといった力を高めていくこと**が、最も重要です。それには、本書で紹介する、**オーバーラッピング、シャドーイングで英文を10回音読することを毎日積み重ねること**が、一番の近道になります。以下に、具体的なリスニング力を高める方法を説明しているので、参考にしてください。

リスニング学習におすすめの方法

❶ オーバーラッピング

　リスニングに苦手意識がある人におすすめのトレーニングが、英文が記載されたスクリプトを見ながら、聞こえてくる英語音声を同時に発声していくオーバーラッピングという訓練になります。これを各文につき、5～10回繰り返してみましょう。

❷ シャドーイング

　シャドーイングは、リスニング力が最もつくおすすめの訓練方法ですが、オーバーラッピングよりも難易度が上がります。**英語の音声の後を、影が付いていくように追いかけながら発声していきます。**スクリプトを見ない分、オーバーラッピングより難しくなりますが、試験本番ではスクリプトを見ずに音声から内容を理解する必要があるので、より実践に近い形式になります。最初の５回はスクリプトを見ながら**オーバーラッピング**をして、次の５回は何も見ずに、**シャドーイング**をするとよいでしょう。

共通テスト 英語リスニングのまとめ

- 共通テストの英語は、リーディングとリスニングに分かれる。
- リーディングが100点、リスニングが100点で、合計で200点満点。
- 第1問、第2問は2回英文が読まれるので、比較的簡単である。
- 第3問からは英文が1回しか読まれないので、難易度が上がる。
- 第4問はコツさえつかめば、比較的簡単に解ける問題が多い。
- **第5問は最大の難所だが、本書でコツや解法をおさえれば、得点源にもなる。**
- 第6問は、Bではじめて4人の会話が登場するが、その会話と合致する選択肢を選ぶ問題である。
- 第1問と第2問で計41点と、共通テスト英語リスニング全体の約4割を占めている。**たとえ第5問で数問落としても、他の簡単な問題を正解すれば、十分に高得点を狙える。**
- 問題ごとに異なる**先読みの方法をマスターして、メモ取りを練習する**ことも重要。
- 高得点を取るには、**オーバーラッピング、シャドーイングで英文を10回音読することを毎日積み重ねること**が、一番の近道。

第 1 問

1人による短い発話・英文選択問題
1人による短い発話・イラスト選択問題

A問題 ここで差をつける!

● 選択肢の先読みが重要!!
● 共通部分は無視して、異なる部分をチェックしよう!!

B問題 ここで差をつける!

● イラストも先読みが重要!!
● イラストの共通部分は無視して、異なる部分を
  チェックしよう!!

第1問の全体像をつかむ

ここが問われる!

1人の発話と合致する選択肢・イラストを選ぶ問題が出題!!

ここで きめる!

- 選択肢・イラストの先読みが重要!!
- 共通部分は無視して、異なる部分をチェックしよう!!

第1問の配点を教えてください。

　第1問はAとBからなり、Aが4問、Bが3問の合計7問です。**配点は、Aが1問4点、Bが1問3点になります。第1問だけでリスニング全体の4分の1を占める、100点中25点**になります。

第1問では、どんな力が必要とされますか？

　第1問では、あらゆるリスニングで重要となる**聞き取る力**と、音から内容を理解する力、本文の音声がパラフレーズ（言い換え）された選択肢を選ぶ力が必要とされています。

第1問で高得点を取るには、どうしたらよいですか？

　まずは、**選択肢の先読みが重要**です。これをやるのとやらないのとでは、正答率がかなり変わってきます。また、問題ごとに**先読みのコツ**があるので、それは次の「**先読みのコツ**」というページで紹介します。先読みをしてからは、**設問の音声に集中して、しっかり**

と聞き取ります。最後は、それを理解して選択肢を選ぶ力を高めていくことです。

　リスニングの解き方のコツの1つを紹介します。**Aの問題を解き終わると「これで第1問Aは終わりです」というアナウンスが流れるので、その間にBのイラストを先読みしておきましょう。**

> リスニングが苦手なのですが、
> どういう勉強をしたらよいですか？

　まずは、**英語の音声を毎日聞くこと**です。そして、**問題も毎日解く**とよいでしょう。さらにおすすめなのが、**1つの音声につき、オーバーラッピングやシャドーイングを10回やること**です。1〜5回やる間に音声とスペリングがつながっていきます。6回目くらいから、音声とスペリングがつながるだけでなく、内容まで理解できるようになります。10回目の音読では、**音声から一気に内容理解までたどり着くことができるようになるでしょう**。この状態が、リスニングの理想なので、毎日この状態を経験すると、本番でもリスニングで高得点が狙えます。

第 1 問 の ま と め

- 第1問は、**1人の発話と合致する選択肢・イラストを選ぶ問題**が出題される。音声は2回読まれる。
- 配点はリスニング全体の**100点中25点**。
- 第1問では、**聞き取る力、音から内容を理解する力、その内容と本文の音声がパラフレーズされた選択肢を選ぶ力**が必要とされる。
- 選択肢の先読みが重要で、問題ごとに「**先読みのコツ**」があるので、次のページで紹介する。
- 英語の音声を毎日聞くこと。問題も毎日解く。そして、**1つの音声につき、オーバーラッピングやシャドーイングを10回やること**がおすすめ。

A問題　1人による短い発話・英文選択問題

STEP 1　先読みのコツを知る

第1問 （配点　25）　**音声は2回流れます。**

第1問はAとBの二つの部分に分かれています。

A　第1問Aは問1から問4までの4問です。英語を聞き，それぞれの内容と最もよく合っているものを，四つの選択肢（①～④）のうちから一つずつ選びなさい。

問1　　1

① The speaker is asking Sam to shut the door.
② The speaker is asking Sam to turn on the TV.
③ The speaker is going to open the door right now.
④ The speaker is going to watch TV while working.

❶ 選択肢の共通点は無視します。

❷ 選択肢の異なる点をチェックします。冠詞や前置詞は無視して、名詞・動詞・形容詞・副詞を中心にチェックします。

問2　　2

① The speaker finished cleaning the bowl.
② The speaker finished washing the pan.
③ The speaker is cleaning the pan now.
④ The speaker is washing the bowl now.

❸ 選択肢が、finishedと現在進行形なので、何かをやり終えたのか、やっている最中なのかを聞き取ると予測します。

※**❶**～**❻**の番号順にチェックしましょう。

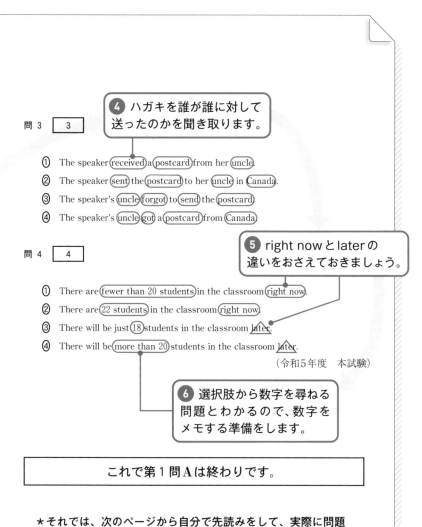

❹ ハガキを誰が誰に対して送ったのかを聞き取ります。

問3 3

① The speaker received a postcard from her uncle.
② The speaker sent the postcard to her uncle in Canada.
③ The speaker's uncle forgot to send the postcard.
④ The speaker's uncle got a postcard from Canada.

❺ right now と later の違いをおさえておきましょう。

問4 4

① There are fewer than 20 students in the classroom right now.
② There are 22 students in the classroom right now.
③ There will be just 18 students in the classroom later.
④ There will be more than 20 students in the classroom later.

（令和5年度 本試験）

❻ 選択肢から数字を尋ねる問題とわかるので、数字をメモする準備をします。

これで第1問Aは終わりです。

＊それでは、次のページから自分で先読みをして、実際に問題を解いてみよう！

第1問 （配点 25） **音声は2回流れます。**

第1問は**A**と**B**の二つの部分に分かれています。

A 第1問**A**は問1から問4までの4問です。英語を聞き，それぞれの内容と最もよく合っているものを，四つの選択肢（①～④）のうちから一つずつ選びなさい。

問1 ☐1☐

① The speaker is asking Sam to shut the door.

② The speaker is asking Sam to turn on the TV.

③ The speaker is going to open the door right now.

④ The speaker is going to watch TV while working.

問2 ☐2☐

① The speaker finished cleaning the bowl.

② The speaker finished washing the pan.

③ The speaker is cleaning the pan now.

④ The speaker is washing the bowl now.

① The speaker received a postcard from her uncle.

② The speaker sent the postcard to her uncle in Canada.

③ The speaker's uncle forgot to send the postcard.

④ The speaker's uncle got a postcard from Canada.

問 4　4

① There are fewer than 20 students in the classroom right now.

② There are 22 students in the classroom right now.

③ There will be just 18 students in the classroom later.

④ There will be more than 20 students in the classroom later.

（令和5年度　本試験）

第1問

1人による短い発話・英文選択問題

これで第1問Aは終わりです。

解答 問1 ① 問2 ① 問3 ① 問4 ④

解説

問1 ┃ 1 ┃ 易

▶▶ 読み上げられた英文と訳

Question No.1

W: Sam, the TV is too loud. I'm working. ❶ Can you ❷ close the door?

女性：サム、テレビの音が大きすぎるわ。私は仕事をしているの。ドアを閉めてくれる？

🔊 聞き取りのコツ

❶ Can と you が合わさって【キャニュー】のように読まれています。

❷ close と the も合わさって【クロゥザッ】のように読まれています。

■ 選択肢の訳

① 話者は、サムにドアを閉めるように頼んでいる。

② 話者は、サムにテレビをつけるように頼んでいる。

③ 話者は、今すぐドアを開けるつもりだ。

④ 話者は、仕事をしながらテレビを見るつもりだ。

　話者が Sam と呼び掛けて、最後の発言で Can you close the door?「ドアを閉めてくれる？」と頼んでいることを把握します。you は Sam を指すので、「サムにドアを閉めるように頼んでいる」ことを意味する①が正解です。本文の close the door が、選択肢の①で shut the door に、本文の Can you ～? の依頼表現が①の asking Sam to do ～にパラフレーズされていることを理解します。

　誤りの選択肢を見ていくと、②の「テレビをつける」は、話者が the TV is too loud「テレビの音が大きすぎる」と文句を言っていることと矛盾します。特に **too ～** はネガティブなニュアンスがあるので、しっかりとおさえておきましょう。③は「ドアを閉めてくれる？」という最後の発言と矛盾します。④も話者の発言の「テレビの音が大きすぎる」と文句を言っていることと矛盾します。

問2　　2　　やや難

▶▶ 読み上げられた英文と訳

Question No.2

W: **❶I've already** washed the bowl, **❷but I** haven't started cleaning the pan.

女性：私はすでにボウルを洗ったが、鍋を洗い始めてはいない。

> 🔊 聞き取りのコツ
>
> ❶ I've と already が合わさって【アイヴォーウェディ】のように読まれています。
> ❷ but と I は t の音が l【ル】の音になって【バライ】のように読まれています。

▆ 選択肢の訳

① **話者は、ボウルを洗い終えた。**

② 話者は、鍋を洗い終えた。

*③ 話者は今、鍋を洗っているところだ。　間違いやすい選択肢！

④ 話者は今、ボウルを洗っているところだ。

▆ 語彙リスト

☐ already「すでに」　　☐ bowl「ボウル」　　☐ pan「鍋」

　話者の **I've already washed the bowl**「私はすでにボウルを洗った」から、「ボウルを洗い終えた」と理解して、①が正解と判断します。

誤りの選択肢を見ていくと、but以下の情報は、but I haven't started cleaning the pan「鍋を洗い始めてはいない」で、③の「今、鍋を洗っているところだ」とは異なるので、正解とはなりません。読み上げられた英文の音だけ拾って cleaning the pan が同じだからといって、③を選んではいけません。読み上げられた英文の意味を理解するように集中しましょう。②もこの発言と矛盾します。④は I've already washed the bowl と矛盾します。

 得点力アップの POINT 1 接続詞（助動詞）とIの連結（リンキング）

　問2の英文で読み上げられた文の but と I は1語1語読み上げられずに、**but と I をつなげて1語であるかのように発音**されています。この現象は連結（リンキング）と呼ばれており、**自分で発音できないと聞き取れない**ので、注意が必要です。逆に、普段からこの連結を意識して発音していると、簡単に聞き取れるようになります。ここでは典型的な接続詞（助動詞）とIの連結をまとめましたので、ぜひ、自分で数回発音してみてください。

連結表現	読みかた	例文
but I	バライ	I'm looking for my house key, **but I** can't find it anywhere. 「家のカギを探しているが、どこにも見つからない」
when I	ウェナイ	He had already left **when I** arrived. 「私が着いたとき、彼はすでに出発していた」
can I	キャナイ	**Can I** use your bathroom? 「トイレをお借りできますか？」

問3　　3　　標

▶▶　読み上げられた英文と訳

Question No.3

W: ❶Look at this postcard my uncle ❷sent me from Canada.
女性：私のおじがカナダから私宛てに送った、このハガキを見て。

❶ Look と at と this が合わさって【ルッカッディス】のように読まれています。

❷ sent と me は、sent の t がストップ T になって【セン（トゥ）ミィ】のように読まれています。

選択肢の訳

① **話者は、彼女のおじからハガキを受け取った。**

*② 話者は、カナダにいるおじにハガキを送った。
　間違いやすい選択肢！

③ 話者のおじは、ハガキを送るのを忘れた。

④ 話者のおじは、カナダからハガキをもらった。

語彙リスト

☐ postcard「ハガキ」　　☐ uncle「おじ」　　☐ receive「受け取る」

Look at this postcard **my uncle sent me from Canada**.「私のおじがカナダから私宛てに送った、このハガキを見て」から、おじがハガキを私宛てに送ったと理解します。よって、①「話者は、彼女のおじからハガキを受け取った」が正解になります。postcard my uncle sent の postcard と my の間に関係詞が省略されていて、postcard の説明が続くのをおさえておきましょう。音読を10回やることで、名詞 SV ときたら、名詞と S の間に関係詞が省略されているとすぐに理解できるようになるでしょう。

　誤りの選択肢を見ていくと、②「話者は、カナダにいるおじにハガキを送った」は、送り手と受け手が逆になるので、正解にはなりません。③は「忘れた」とは言っていません。④は「おじがもらった」のではなくて、「話者がおじからもらった」と言っていることに矛盾します。

得点力アップの **POINT 2** ストップT(D)

🦻 聞き取りのコツ の②で紹介した、**ストップT**について説明します。sentのようなtで終わる単語は、語末を【トゥ】とはっきり発音せずに、**トゥの口の形から、息を止めます。**音が消えているわけではないのですが、この**ストップT**がわかると、発音にもリスニングにも強力な武器になります。このルールはdにも適用され、**ストップD**というルールもあります。

　tで終わる単語以外に、tの直後に子音が来る単語にも、この**ストップT**は適用されます。例えば、basketballは【バスケットゥボール】のようにはっきりと【トゥ】とは発音されずに、ストップTが適用されます。**口で【トゥ】の形をして、息を止めます。**この**ストップT**は本書でもたくさん登場するので、(**トゥ**)と表記します。下に代表的な**ストップT(ストップD)**が適用される単語を紹介します。

t(d)で 終わる 単語	sent ／ cat ／ can't ／ that ／ won't ／ might without ／ good ／ should ／ would ／ could ／ had bad ／ red
真ん中に t(d)が 来る 英語表現	basketball ／ football ／ outside「外側に」 nightmare「悪夢」／ definitely「明確に」 absolutely「絶対に」／ exactly「正確に」／ lately「最近」 sandwich ／ Good morning. ／ Good night.

問4 　　4　　 標

▶▶ 読み上げられた英文と訳

Question No.4

W: ❶There are twenty students in the classroom, ❷and two more ❸will come after lunch.

女性：その教室にいる学生は20人で、さらに2人が昼食後にやってくるだろう。

聞き取りのコツ

❶ There と are が合わさって【ゼアワ】のように読まれています。
❷ and は弱形で、【アン】のように読まれています。
❸ will は【ウォウ】のように読まれています。

選択肢の訳

① 今、教室にいる学生は、20人より少ない。
*② 今、教室にいる学生は22人だ。　間違いやすい選択肢！
③ あとで、教室にいる学生はちょうど18人になるだろう。
④ **あとで、教室にいる学生は20人より多くなるだろう。**

語彙リスト

☐ fewer than「～より少ない」　　☐ classroom「教室」　　☐ later「あとで」

There are **twenty students** in the classroom, and **two more** will come **after lunch**.「その教室にいる学生は20人で、さらに2人が昼食後にやってくるだろう」から、最初は20とメモを取ります。続いて、two more から、プラス2と考えて、22人とします。もっとも、②は **right now**「(ちょうど)今」と書かれていますが、読み上げられた音声では、「さらに2人が昼食後にやってくる」とあるので、正解にはなりません。意味を考えずに22という数字だけしか追っていないと、②を選んでしまいます。④は「あとで、教室にいる学生は20人より多くなるだろう」という意味で、これが正解になります。

　誤りの選択肢を見ていくと、①の「今、20人より少ない」は、読み上げられた音声では、現時点で20人いることに矛盾します。③は「あとで、18人になるだろう」が、音声の「20人＋2人」と矛盾するので、正解にはなりません。

　＊次も第1問のA対策になりますが、次からは先読みのコツは、問題を解いたあとに掲載してあります。ここまでを参考にして、先読みをしてください。

第1問 （配点 25） **音声は2回流れます。**

第1問は**A**と**B**の二つの部分に分かれています。

A　第1問**A**は**問1**から**問4**までの**4問**です。英語を聞き，それぞれの内容と最もよく合っているものを，四つの選択肢(**①**～**④**)のうちから一つずつ選びなさい。

問1 ◻1

① The speaker admires Jennifer's sweater.

② The speaker is asking about the sweater.

③ The speaker is looking for a sweater.

④ The speaker wants to see Jennifer's sweater.

問2 ◻2

① The speaker doesn't enjoy playing tennis.

② The speaker doesn't want to play any sports now.

③ The speaker thinks badminton is the most fun.

④ The speaker thinks tennis is better than bowling.

問 3　　3

① The speaker doesn't want to eat steak.

② The speaker hasn't eaten dinner yet.

③ The speaker is eating steak now.

④ The speaker wants to eat dinner alone.

問 4　　4

① The speaker is talking to the dentist.

② The speaker is telling Diana the time.

③ The speaker wants to call Diana.

④ The speaker wants to go to the dentist.

（令和5年度　追・再試験）

これで第1問Aは終わりです。

先読みのコツを知る

第1問 （配点 25） **音声は2回流れます。**

第1問は**A**と**B**の二つの部分に分かれています。

A 　第1問**A**は問1から問4までの4問です。英語を聞き，それぞれの内容と最もよく合っているものを，四つの選択肢（①～④）のうちから一つずつ選びなさい。

問1 　　1

❶ ジェニファーのセーターに関して、どういう反応をしているかを集中して聞き取ります。

① The speaker admires Jennifer's sweater.
② The speaker is asking about the sweater.
③ The speaker is looking for a sweater.
④ The speaker wants to see Jennifer's sweater.

問2 　　2

① The speaker doesn't enjoy playing tennis.
② The speaker doesn't want to play any sports now.
③ The speaker thinks badminton is the most fun.
④ The speaker thinks tennis is better than bowling.

❷ ①、②のような否定文は、否定の対象に×印を付けておくと、瞬時に音声の内容と結び付けることができます。

問3　3

① The speaker doesn't want to eat steak.
② The speaker hasn't eaten dinner yet.
③ The speaker is eating steak now.
④ The speaker wants to eat dinner alone.

❸ ①、②のような否定表現には、対象に×印を付けます。

問4　4

① The speaker is talking to the dentist.
② The speaker is telling Diana the time.
③ The speaker wants to call Diana.
④ The speaker wants to go to the dentist.

❹ 歯科医、ダイアナに何をしているかに集中して聞き取ります。

（令和5年度　追・再試験）

これで第1問Aは終わりです。

📖 解答・解説 1

解答　問1　①　　問2　④　　問3　②　　問4　④

解説

問1　　　1　　　　　易

▶▶ 読み上げられた英文と訳

Question No.1

M: ❶What a ❷beautiful ❸sweater! It looks really ❹nice on you,
　　Jennifer.

男性：なんてきれいなセーターなんだ！　本当にあなたに似合って
　　　いるよ、ジェニファー。

🎧 **聞き取りのコツ**

❶ Whatとaが合わさって、tの音がl【ル】の音に変わって【ワラ】
　のように読まれています。

❷、❸ beautifulとsweaterのtがl【ル】の音に変わって【ビュー
　リフォウ】、【スウェラー】のように読まれています。

❹ nice、on、youが合わさって【ナイソンニュー】のように読ま
　れています。

■ 選択肢の訳

① **話者はジェニファーのセーターをほめている。**

② 話者はセーターについて尋ねている。

③ 話者はセーターを探している。

④ 話者はジェニファーのセーターを見たい。

■ 語彙リスト

☐ What a ～ 名詞 !「なんて～な 名詞 なの！」

☐ sweater「セーター」　　　　　☐ look nice(good) on「～に似合う」

☐ admire「称賛する」

読み上げられた英文は**What a beautiful sweater! It looks really nice on you**, Jennifer. で、「ジェニファーの着ているセーターをほめている」ことがわかります。①のadmireは「称賛する」という意味なので、①が正解になります。

　誤りの選択肢を見ていくと、②「セーターについて尋ねている」、③「セーターを探している」は、正解にはなりません。上で説明した通り、**話者はセーターをほめている**だけだからです。④は「セーターを見たい」ですが、そうは言っておらず、セーターをほめているだけなので、正解にはなりません。

問2　　2　　易

▶▶ 読み上げられた英文と訳

Question No.2

M: Bowling is more ❶fun than badminton, ❷but tennis ❸is the best. Let's play ❹that.

男性：ボウリングは、バドミントンより楽しいけど、テニスが一番だ。それをやろう。

> 🔊 聞き取りのコツ
>
> ❶ funのnに引っ張られてthanが【ナン】になり、【**ファンナン**】のように読まれています。
> ❷ butとtennisが合わさって【**バッ(トゥ)テニス**】のように読まれています。
> ❸ isとtheが合わさって【**イ(ズ)ザ**】のように読まれています。
> ❹ thatの語尾のtがストップTで【**ザッ(トゥ)**】のように読まれています。

■ 選択肢の訳

① 話者はテニスをするのを楽しんでいない。
② 話者は今、どのスポーツもやりたくない。
③ 話者はバドミントンが最も楽しいと考えている。

④ **話者はテニスがボウリングよりいいと考えている。**

■ 語彙リスト

□ fun「(it is ～などの形で)楽しい」

　読み上げられた英文は、Bowling is more fun than badminton, but **tennis is the best**. Let's play that.で「ボウリングはバドミントンより楽しいけど、**テニスが一番**」という内容です。テニスが一番と言っているので、④の「テニスがボウリングよりいい」が正解と判断します。

　誤りの選択肢を見ていくと、①「話者はテニスをするのを楽しんでいない」は、「テニスが一番」という内容と矛盾します。②「今、どのスポーツもやりたくない」も、「テニスが一番」と矛盾します。③「バドミントンが最も楽しい」も「テニスが一番」と矛盾します。何かの比較表現は、メモを取ると正確なので、メモ取りの技術を1つ紹介します。

得点力アップの POINT 3　**メモ取りの技術　その1**

　何かの比較表現が出てきたら、メモを取って事実関係を整理しましょう。例えば、問2の問題では、以下のようにメモを取ると、絶対に間違えなくなります。

---

bow(ling) > bad(minton)
ten(nis)

　比較表現で表された**何かの優劣は不等号の＞を使ってメモをし、最上級で表現されたものには〇を付けて**おけばよいでしょう。～の方が背が高い[足が速い、値段が高い]など、あらゆる比較級でこの不等号は使えるので、ぜひ使用してみてください。そして、英単語のスペリングの頭文字や最初の1語、2語をメモすることをおすすめしますが、すぐにスペリングが思いつかない場合はカタカナでメモするのもよいでしょう。

▶▶ 読み上げられた英文と訳

Question No.3

M: We should go somewhere to eat dinner. ❶How about a steak restaurant?

男性：僕たちは夕食を食べにどこかに行くべきだ。ステーキレストランはどう？

👂 **聞き取りのコツ**

❶ How、about、aが合わさって【ハウバウラ】のように読まれています。

📖 **選択肢の訳**

① 話者はステーキを食べたくない。

② 話者はまだ夕食を食べていない。

*③ 話者は今、ステーキを食べているところだ。

　間違いやすい選択肢！

④ 話者は夕食を1人で食べたい。

📖 **語彙リスト**

☐ somewhere「どこか」　　　　☐ How about ～?「～はどうですか？」

　読み上げられた英文は、We should go somewhere to eat dinner. **How about a steak restaurant?** で、「夕食にステーキレストランはどう？」という内容であることを理解します。①「ステーキを食べたくない」、③「今、ステーキを食べているところだ」はいずれも正解にはならないと判断できます。**steak が聞こえたからといって安易に③を選ばない**ようにしましょう。④の「1人で食べたい」も、会話相手をステーキレストランに誘っている内容と矛盾します。**ステーキレストランに誘っているということは、「まだ夕**

食を終えていない」と推測できるので、②が正解になります。

得点カアップの POINT 4 頻出の提案表現

頻出の提案表現に **What about ～?** と **How about ～?** があります。相手に「～しませんか？」と提案する表現で、よく登場するので、発音とともにおさえておきましょう。What と about はひとカタマリで発音されて、**【ワラバウ（トゥ）】** のように発音されます。**【トゥ】** はストップTで、はっきりとは聞こえないことの方が多くなります。How about も、ひとカタマリで発音されて、**【ハウバウ（トゥ）】** のように発音されます。同様に **【トゥ】** はストップTで、はっきり聞こえないと思っておくのがよいでしょう。

提案表現	読みかた	例文
What about ～?	ワラバウ（トゥ）	**What about** having lunch together**?** 「一緒に昼食でもどうですか？」
How about ～?	ハウバウ（トゥ）	**How about** a movie? 「映画でもどうですか？」

問4 ＿4＿ 標

▶▶ 読み上げられた英文と訳

Question No.4

M: Diana, do you know ❶what time the dentist ❷will open? My tooth really hurts.

男性：ダイアナ、歯科医院が何時に開くか知ってる？　歯が本当に痛いんだ。

 聞き取りのコツ

❶ what と time が合わさって **【ワッタイム】** のように読まれています。
❷ will が **【ウォウ】** のように読まれています。

■ 英文と選択肢の訳

① 話者は歯科医と話している。

*② 話者はダイアナに時間を教えている。間違いやすい選択肢！

③ 話者はダイアナに電話をしたい。

④ 話者は歯科医院に行きたい。

■ 語彙リスト

□ dentist「歯科医(院)」　　□ tooth「歯」　　□ hurt「痛む」

　読み上げられた英文は、Diana, do you know **what time the dentist will open? My tooth really hurts.** ですから、「話者が ダイアナに歯科医院が何時に開くかを聞いていて、歯が痛む」とい う内容であることを理解します。よって、④の「話者は歯科医院に 行きたい」が正解と判断します。

　誤りの選択肢を見ていきましょう。話者はダイアナと話している のであって、歯科医と話しているわけではないので、①は正解には なりません。さらに、話者はダイアナに歯科医院がオープンする時 間を尋ねているので、②のような「時間を教えている」も正解には なりません。**Diana が聞こえたからといって安易に②を選ばない よ**うにしましょう。話者はダイアナと実際に話をしているので、③の 「ダイアナに電話をしたい」も正解になりません。

第1問 （配点 25） **音声は2回流れます。**

第1問は**A**と**B**の二つの部分に分かれています。

A 第1問**A**は問1から問4までの4問です。英語を聞き，それぞれの内容と最もよく合っているものを，四つの選択肢（**①**〜**④**）のうちから一つずつ選びなさい。

問1 　1

 ① The speaker forgot to do his homework.

 ② The speaker has finished his homework.

 ③ The speaker is doing his homework now.

 ④ The speaker will do his homework later.

問2 　2

 ① The speaker doesn't want Meg to go home.

 ② The speaker doesn't want to go home.

 ③ The speaker wants Meg to go home.

 ④ The speaker wants to go home.

問 3　　3

①　The speaker is far away from the station now.

②　The speaker is with Jill on the train now.

③　The speaker will leave Jill a message.

④　The speaker will stop talking on the phone.

問 4　　4

①　The speaker doesn't have any bread or milk.

②　The speaker doesn't want any eggs.

③　The speaker will buy some bread and milk.

④　The speaker will get some eggs.

（令和4年度　追・再試験）

これで第 1 問 A は終わりです。

第1問 （配点 25） **音声は2回流れます。**

第1問は**A**と**B**の二つの部分に分かれています。

A　第1問**A**は**問1**から**問4**までの4問です。英語を聞き，それぞれの内容と最もよく合っているものを，四つの選択肢（①～④）のうちから一つずつ選びなさい。

問1　　1

① The speaker forgot to do his homework.
② The speaker has finished his homework.
③ The speaker is doing his homework now.
④ The speaker will do his homework later.

❶ ①～④まですべて homework が共通しているとわかるので、forgot、finished、is doing、will do、later をチェックして、「宿題をどうしているのか」に集中して聞き取ります。

問2　　2

① The speaker doesn't want Meg to go home.
② The speaker doesn't want to go home.
③ The speaker wants Meg to go home.
④ The speaker wants to go home.

❷ ①と②は否定文なので、Meg、go home と、go home にそれぞれ×印を付けます。Meg と「帰宅」がキーワードと理解します。

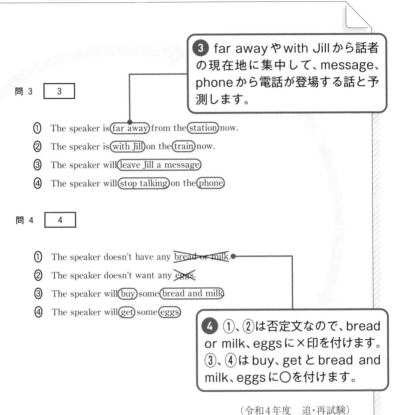

❸ far awayやwith Jillから話者の現在地に集中して、message、phoneから電話が登場する話と予測します。

問3 ☐3

① The speaker is far away from the station now.

② The speaker is with Jill on the train now.

③ The speaker will leave Jill a message.

④ The speaker will stop talking on the phone.

問4 ☐4

① The speaker doesn't have any bread or milk.

② The speaker doesn't want any eggs.

③ The speaker will buy some bread and milk.

④ The speaker will get some eggs.

❹ ①、②は否定文なので、bread or milk、eggsに×印を付けます。③、④はbuy、getとbread and milk、eggsに○を付けます。

（令和4年度　追・再試験）

これで第1問Aは終わりです。

👍 解 答・解 説 2

問1 ② 問2 ④ 問3 ④ 問4 ④

解説

問1 ☐ 1 ☐ 易

▶▶ 読み上げられた英文と訳

Question No.1

M: ❶Have you ❷finished your homework? ❸I've already done mine.

男性：あなたは宿題を終えた？　私はすでに宿題を終えたよ。

👂 聞き取りのコツ

❶ Have と you が合わさって【ハヴュー】のように読まれています。

❷ finished と your が合わさって【フィニッシュチュア】のように読まれています。

❸ I've と already が合わさって【アイヴォーウェディ】のように読まれています。

◀ 選択肢の訳

① 話者は宿題をするのを忘れた。

② 話者は宿題を終えた。

③ 話者は今、宿題をやっているところだ。

④ 話者はあとで宿題をするだろう。

◀ 語彙リスト

☐ forget to do「～するのを忘れる」　　☐ do one's homework「宿題をする」

　I've already done mine. の mine は、my homework を指すので、「話者は宿題を終えた」とわかります。よって、**②が正解**になります。読み上げられた英文の done が finished にパラフレーズされていることに注意しましょう。

誤りの選択肢を見ていくと、①、③、④は話者がすでに宿題を終えたことに矛盾します。

問2　　2　　標

▶▶　読み上げられた英文と訳

Question No.2

M: I'm tired, Meg. ❶Do you mind ❷if I go home?

男性：私は疲れている、メグ。家に帰ってもいい？

🎧 聞き取りのコツ

❶ Doとyouが合わさって【デュー】のように読まれています。
❷ ifとIが合わさって【イファィ】のように読まれています。

🏴 選択肢の訳

① 話者はメグに家に帰ってほしくない。
② 話者は家に帰りたくない。
③ 話者はメグに家に帰ってもらいたい。
④ **話者は家に帰りたい。**

🏴 語彙リスト

☐ Do you mind if ～?「～してもいいですか？」

☐ want O to do「Oに～してもらいたい」

　男性の第1発言で、**I'm tired**「私は疲れている」とあるので、「家に帰りたい」となる④を正解の候補と推測します。第2発言で「あなたは私が家に帰ることを気にしない？」＝「家に帰ってもよい？」と許可を求めているので、④が正解と断定します。②は反対の意味なので、正解になりません。

　誤りの選択肢を見ていくと、話者は、第1発言でメグと呼び掛けて、

「家に帰ってもいい？」と許可を求めているだけなので、「メグに何かを求めたり、求めなかったりする」①、③は正解の候補から外します。

POINT 5　mindを使った疑問文

　mindを使った疑問文には、この問題で登場した**Do you mind if I ～?**「あなたは、私が～するかを気にしますか？」＝「私が～してもいいですか？」という**許可を求める表現**があります。一方で、**Would you mind ～?**「あなたは～するのを気にしますか？」＝「～していただけませんか？」という**相手の承諾を期待して依頼する表現**もよく出るので、おさえておきましょう。

Do you mind if I open the window?
「あなたは私が窓を開けるのを気にしますか？」
＝「私が窓を開けてもいいですか？」
⇒ **許可を求める表現**

Would you mind opening the window?
「あなたは窓を開けることを気にしますか？」
＝「窓を開けていただけませんか？」
⇒ **相手の承諾を期待して依頼する表現**

問3　　3　　やや難

▶▶ 読み上げられた英文と訳

Question No.3

M: Hello? Oh, Jill. ❶Can I ❷call you back? I have to ❸get on the train right now.

男性：もしもし、ああジル。かけ直してもいい？　ちょうど今電車に乗らなければいけないんだ。

聞き取りのコツ

❶ CanとIが合わさって【キャナイ】のように読まれています。

❷ callとyouが合わさって【コーユー】のように読まれています。

❸ getとonが合わさって【ゲロン】、onとtheが合わさって【オンナ】のように読まれています。すべて合わさって【ゲロンナトゥウェイン】のように読まれています。

▶ 選択肢の訳

① 話者は今、駅から遠く離れた所にいる。

② 話者は今、ジルと電車に乗っている。

*③ 話者はジルにメッセージを残すだろう。　間違いやすい選択肢！

④ **話者は電話で話すのをやめるだろう。**

▶ 語彙リスト

☐ call ~ back「~に電話をかけ直す」	☐ get on「~に乗る」
☐ far away「遠く離れて」	☐ leave O_1 O_2「O_1にO_2を残す」
☐ message「メッセージ」	

　この問題は、先読みをしていても選択肢が長いので、1回聞いただけで正解を絞るのは難しいでしょう。よって、1回目と2回目で**消去法を用いて、正解を絞り込んでいきます。** 1回目で、話者が「ちょうど今電車に乗らなければいけない」と言っているので、①の「駅から遠く離れたところにいる」や②の「今、ジルと電車に乗っている」は正解にはなりません。

　2回目の音声が流れたあとに、③、④の正解を判断します。話者が「かけ直してもいい？」と言っていることから、③の「ジルにメッセージを残すだろう」も正解にはなりません。ジルと電話をしていることと、今話せないという文脈から、③を選ばないようにしましょ

う。「かけ直してもいい？　ちょうど今電車に乗らなければいけないんだ」から、「話者は電話を切ること」が予測されるので、④が正解と判断します。

問4　[　4　]　標

▶▶ 読み上げられた英文と訳

Question No.4

M: We have some ❶bread and milk, but there aren't any eggs. I'll ❷go and buy some.

男性：パンと牛乳があるけど、卵がない。買いに行ってくるよ。

> 🦻 聞き取りのコツ
>
> ❶ andが弱形で【ン】の音になり、【ブウェッドゥンミゥク】のように読まれています。
> ❷ andが弱形で【エン】の音になり、【ゴウエンバイ】のように読まれています。

▶ 選択肢の訳

① 話者はパンも牛乳も持ってない。
② 話者は卵を1つも欲しくない。
*③ 話者はパンと牛乳を買うだろう。　間違いやすい選択肢！
④ **話者は卵を買うだろう。**

▶ 語彙リスト

☐ bread「パン」　　　　　　　　　　☐ get「買う」

　「卵がない。買いに行ってくるよ」から、④が正解と判断します。④のgetには「買う」の意味もあることをおさえておきましょう。読み上げられた英文のbuyが、④ではgetにパラフレーズされていることに注意しましょう。読み上げられた英文の最後の発言のsomeは、some eggsを指しています。

誤りの選択肢を見ていくと、話者は第1発言で「パンと牛乳がある」と言っているので、①、③は正解にはなりません。**bread and milk** に引っ張られて、安易に③を選ばないようにしましょう。また、話者は第2発言で「卵を買いに行ってくる」と言っていることから、②「卵を1つも欲しくない」も正解にはなりません。

得点力アップの POINT 6　andが弱形になる頻出表現

　andは、【アンドゥ】のように発音されることはまれで、**実際には【アン】や【ン】のように【弱形】で読まれることが多くなります**。特に【ン】で読まれる表現は、あらかじめその音を知らないと聞き取ることが難しいので、ここで紹介します。

bread and milk「パンと牛乳」	【ブウェッドゥンミゥク】
black and white「白と黒」	【ブラックンワイトゥ】
good and evil「善と悪」	【グッドゥンイーヴォゥ】
fish and chips「フィッシュアンドチップス」	【フィッシュンチップス】

1人による短い発話・イラスト選択問題

STEP 1 先読みのコツを知る

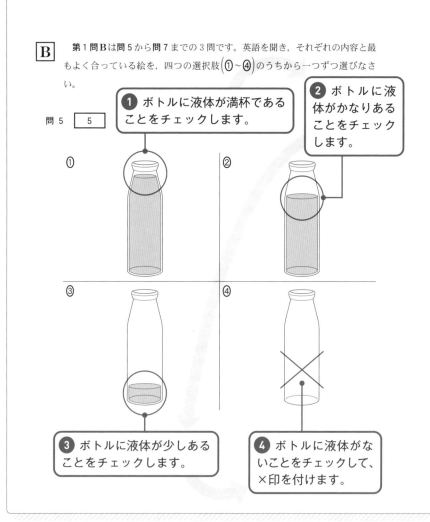

B 　第1問Bは問5から問7までの3問です。英語を聞き，それぞれの内容と最もよく合っている絵を，四つの選択肢（①〜④）のうちから一つずつ選びなさい。

問5　　5

① ボトルに液体が満杯であることをチェックします。

② ボトルに液体がかなりあることをチェックします。

① ② ③ ④

③ ボトルに液体が少しあることをチェックします。

④ ボトルに液体がないことをチェックして、×印を付けます。

※問題ごとに ❶ から順番にチェックしましょう。

問6 ☐ 6

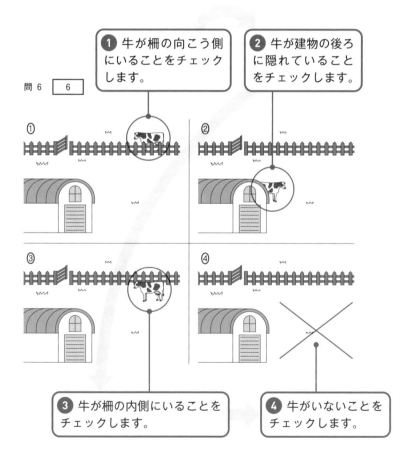

❶ 牛が柵の向こう側にいることをチェックします。

❷ 牛が建物の後ろに隠れていることをチェックします。

❸ 牛が柵の内側にいることをチェックします。

❹ 牛がいないことをチェックします。

問7 ⬜7⬜

② ズボンが黒いこと、スケートボードの上に足を置いていることをチェックします。

① ズボンが黒いこと、スケートボードを持っていることをチェックします。

(令和5年度　本試験)

これで第1問Bは終わりです。

＊それでは、次のページから自分で先読みをして、実際に問題を解いてみよう！

B 　第1問Bは問5から問7までの3問です。英語を聞き，それぞれの内容と最もよく合っている絵を，四つの選択肢(①~④)のうちから一つずつ選びなさい。

問5 　　5

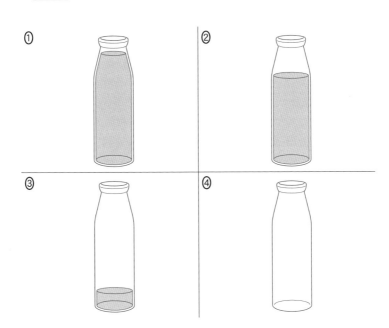

問 6 　 6

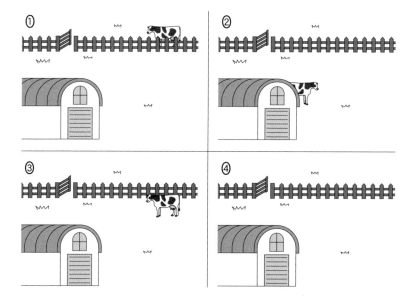

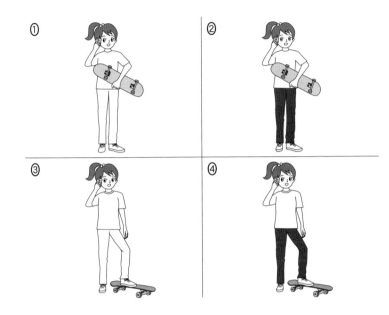

（令和5年度　本試験）

これで第1問Bは終わりです。

STEP 3 解答のプロセスを理解する

解答 　問5　③　　問6　①　　問7　②

解説

問5　　5　　　易

▶▶ 読み上げられた英文と訳

Question No.5

W: There's ❶not much tea left ❷in the bottle.

女性：ボトルにあまりお茶が残っていない。

> 🔊 聞き取りのコツ
>
> ❶ not の t の音が脱落して、【ナッ】のように読まれています。
> ❷ in と the が合わさって【インナ】の音になり、【インナボトゥ】の
> ように読まれています。

　「ボトルにあまりお茶が残っていない」から、③が正解になりま
す。先読みで液体量をおさえておけば、容易に正解できるでしょう。
left は「残っている」という意味の過去分詞で tea を修飾しています。

■ 選択肢

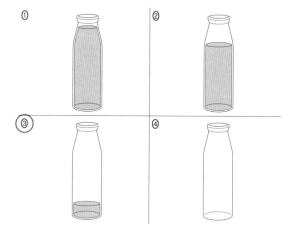

① 　② 　③ 　④

本問のinとtheが合わさって【インナ】のように読まれることを説明します。

 POINT 7 nとthのリンキング

　nの後ろにthが置かれると、本来の濁った音が欠落することがあるので、おさえておきましょう。弱形のand【アン】の後ろのthも音が欠落することがあります。

n＋theの音の変化	読みかた
in their house	【インネアハウス】
in the air	【インニエアー】
and then	【アンネン】

問6　　6　　易

▶▶ 読み上げられた英文と訳

Question No.6

W: I ❶can't see any cows. Oh, I see one ❷behind the fence.
女性：1頭も牛が見えない。あ、フェンスの向こうに1頭見える。

 聞き取りのコツ

❶ can'tのtがストップTで【キャーン（トゥ）】のように読まれています。
❷ behindが【バハインドゥ】のように読まれています。

　第1発言で「牛が1頭も見えない」と言っていますが、第2発言で「フェンスの向こうに1頭見える」と言っているので、①が正解です。

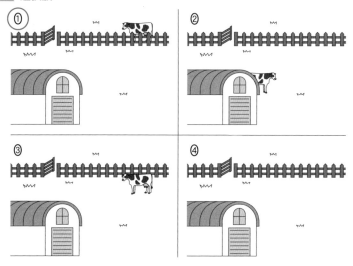

| □ cow「牛」 | □ behind「〜の向こうに」 |

　本問に登場したcanとcan'tの聞き分け、behindの聞き取りを説明していきます。

得点力アップの POINT 8　canとcan'tの聞き取り

　canの発音を【キャン】ととらえていると、can't【キャン(トゥ)】と区別がつかなくなります。can'tのtがはっきり読まれないことが多いからです。実際にはcanは【クン】のように弱く読まれて、can'tは【キャーン(トゥ)】や【カーン(トゥ)】と強勢が置かれて読まれることが多いので、それをおさえておけば区別できるでしょう。

	読みかた
can	【クン】
can't	【キャーン(トゥ)】・【カーン(トゥ)】

得点力アップの POINT **9** before ／ behind ／ below の発音

　この3つの単語は【ビフォー】、【ビハインドゥ】、【ビロゥ】の音しかおさえていないと、他の音になったときに聞き取れません。この3つは、【バフォー】、【バハインドゥ】、【バロゥ】と読まれることもあるので、おさえておきましょう。be を【ビ】とするか【バ】とするかの違いだと覚えておいてください。

	読みかた①	読みかた②
before	【ビフォー】	【バフォー】
behind	【ビハインドゥ】	【バハインドゥ】
below	【ビロゥ】	【バロゥ】

問7 ☐ **7** （易）

▶▶ **読み上げられた英文と訳**

Question No.7

W: I'm over here. I'm wearing black pants and holding a skateboard.

女性：私はここにいるよ。黒いズボンをはいて、スケートボードを
　　　持っている。

 聞き取りのコツ

❶ and が弱形で【**エン**】のように読まれています。

　black pants と **holding a skateboard** で**②が正解**になります。先読みで、ズボンの色とスケートボードの場所が問題になることをおさえておけば、容易に正解できるでしょう。

　誤りの選択肢を見ていくと、①、③は「白いズボン」なので正解にはなりません。④はスケートボードを足の下に置いているので、正解にはなりません。

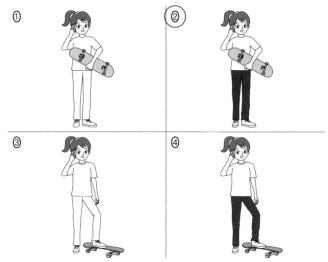

① ② ③ ④

★次からは先読みのコツは、問題を解いたあとに掲載してあります。

B 　第1問Bは問5から問7までの3問です。英語を聞き，それぞれの内容と最もよく合っている絵を，四つの選択肢(①〜④)のうちから一つずつ選びなさい。

問5　　5

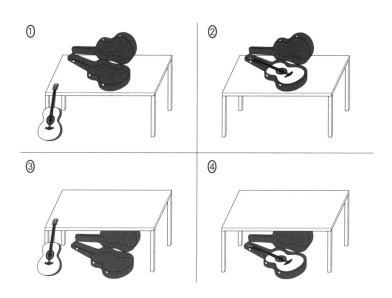

問7 　7

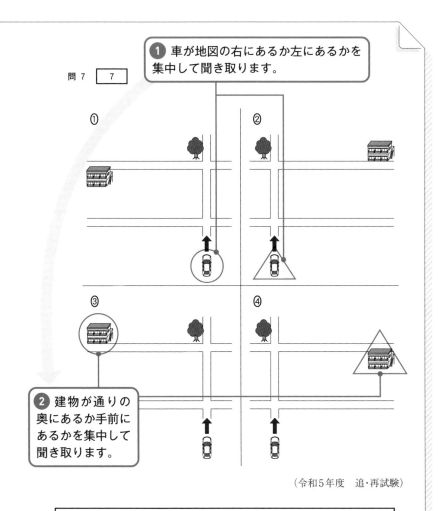

❶ 車が地図の右にあるか左にあるかを集中して聞き取ります。

❷ 建物が通りの奥にあるか手前にあるかを集中して聞き取ります。

（令和5年度　追・再試験）

これで第1問Bは終わりです。

解答・解説 1

解答 問5 ④　　問6 ①　　問7 ③

解説

問5　　5　　易

▶▶ 読み上げられた英文と訳

Question No.5

M: The guitar is ❶inside the case under the table.

男性：ギターはテーブルの下のケースに入っている。

> 👂 **聞き取りのコツ**
>
> ❶ insideとtheが合わさって、【インサイ（ドゥ）ザ】のように読まれています。

　inside the case「ケースの中に」と**under the table**「テーブルの下に」から、④が正解になります。先読みでギターの位置が出てくることをおさえておけば、容易に正解できるでしょう。位置関係は共通テストのリスニングでは頻出なので、おさえておきましょう。

▰ 選択肢

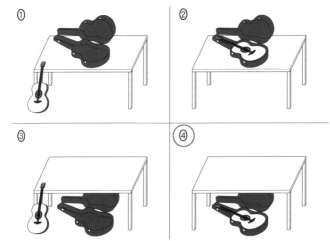

①　　　　　　　　　　　②

③　　　　　　　　　　　④

得点力アップの POINT 10　位置関係を表す英語表現

① 上下の関係　above・over「～の上に」⇔ below・under「～の下に」
② 左右の関係　　next to「～の隣に」
③ 前後の関係　　in front of「～の前に」⇔ behind「～の後ろに」
④ 前後、左右で挟まれている関係　　between A and B「AとBの間に」
⑤ 内側か外側かの関係　　inside「～の内側に」⇔ outside「～の外側に」

問6　　6　　標

▶▶ 読み上げられた英文と訳

Question No.6

M: These spoons are dirty, but there's another in the drawer.

男性：これらのスプーンは汚いけど、引き出しにもう1本入っている。

　聞き取りのコツ

❶ dirty が【ダーリィ】のように読まれています。

❷ but の t がストップTで、there's が短く読まれて、another に強勢が置かれています。【バッ（トゥ）ゼアズァナザァ】のように読まれています。

　These spoons are dirty「これらのスプーンは汚い」で汚いスプーンが複数あることがわかるので、汚れた食器を置くシンクに複数のスプーンがある①、②に正解の候補を絞ります。かつ、**there's another in the drawer**「引き出しにもう1本ある」から、①が正解と判断します。

☐ dirty「汚い」　　　　　　　　　☐ drawer「引き出し」

　本問のdirtyは「ダーティ」というより、「ダーリィ」と聞こえたことでしょう。アメリカ英語の発音でフラップTと呼ばれるものがあるので、紹介します。

得点力アップの POINT 11　フラップT

英語表現	[d]に近い音に変化	[l]に近い音に変化
water	【ウォーダー】	【ウォーラー】
better	【ベダー】	【ベラー】
party	【パーディ】	【パーリィ】
get up	【ゲダップ】	【ゲラップ】
shut up	【シャダップ】	【シャラップ】
check it out	【チェキダゥ】	【チェキラゥ】

tが前後を母音に挟まれているときに、[d]や[l]に近い音でtを発音することがあります。例えば、単語レベルでは、上の表にある

通り、waterのtは、前後をaとeの母音に挟まれています。[d]や[l]に近い音へと変化するので、【ウォーダー】や【ウォーラー】のような音に変化します。betterも真ん中のttが前後をeに挟まれているので、【ベダー】や【ベラー】のように発音します。partyもtが前後をarとyに挟まれているので、【パーディ】や【パーリィ】のように発音します。

続いて熟語レベルでは、get upのtに着目すると、前後をeとuの母音に挟まれているので、【ゲダップ】や【ゲラップ】の音に変化します。shut upもtが前後をuに挟まれているので、【シャダップ】や【シャラップ】の音に変化します。check it outもitのtが前後をiとoに挟まれているので、【チェキダゥ】、あるいは【チェキラゥ】という音に変化します。

問7　　7　　標

▶▶ 読み上げられた英文と訳

Question No.7

M: Turn ❶left at the tree ❷and go straight. The apartment building ❸will be on the right.

男性：木の所で左に曲がって、まっすぐ進んでください。アパートの建物が右側にあるでしょう。

聞き取りのコツ

❶ atが弱形で【アッ】のように読まれて【レフトゥアッザ】のように読まれています。

❷ andが弱形で【アン】のように読まれています。

❸ willは弱形で【ウォウ】のように読まれて【ウォウビィオンザワイトゥ】のように一気に読まれています。

Turn left at the tree「木の所で左に曲がって」から、木のある場所を左に曲がって建物の方に進む①、③に正解の候補を絞りま

す。次の文の **will be on the right**「右側にあります」から、③が
正解になります。

◥ 選択肢

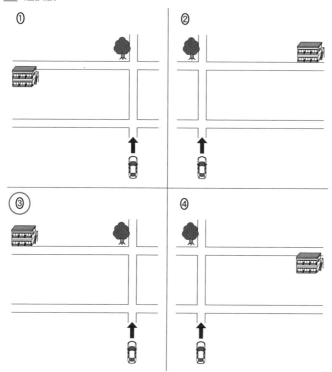

　共通テストのリスニングでは、地図を題材にした問題が頻出なの
で、よく使う表現をまとめます。おさえておきましょう。

地図で使う英語表現

① 現在地	You are here.
② 進行方向	Go straight ahead. 「まっすぐ進む」 Turn to the left (right). 「左(右)に曲がる」
③ ～に見える	on your left 「左に」 ⇔ on your right 「右に」
	around the corner 「角の所に」 across from (opposite) 「～の向かいに」
	next to (beside) 「～の隣に」
	near (close to・by) 「～の近くに」 ⇔ far (far from) 「遠い」

　まずは、①「**現在地**」をしっかりと認識しましょう。**You are here.** が「**現在地**」でここからすべてが始まります。続いて、どう進むかは、**Go straight ahead.**「**まっすぐ進む**」と **Turn to the left (right).**「**左(右)に曲がる**」をおさえておきます。最後に、例えば左に曲がると「**～に見える**」の「**～に**」は、左右なら **on your left (right)** とします。「**角の所に**」は **around the corner**、「**～の向かいに**」は **across from (opposite)** を使います。

　「**～の隣に見える**」なら **next to (beside)** を使い、少し距離があると **near (close to・by)**「**～の近くに**」を使います。遠い場合は **far** や **far from**「**～から遠い**」で表現します。

B 　第1問Bは**問5**から**問7**までの3問です。英語を聞き，それぞれの内容と最もよく合っている絵を，四つの選択肢（①~④）のうちから一つずつ選びなさい。

問5　　5

①

②

③

④

問 6   6

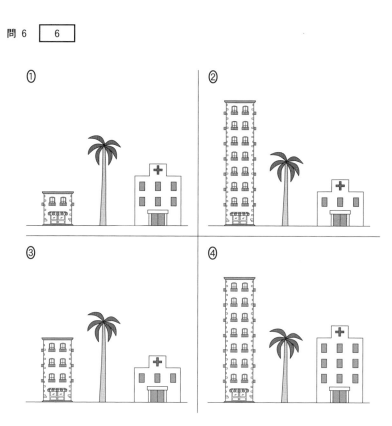

① ② ③ ④

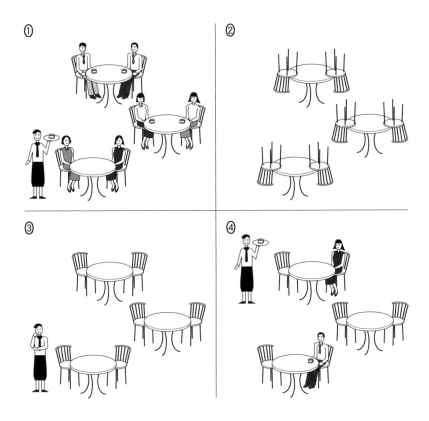

（令和4年度　追・再試験）

これで第1問Bは終わりです。

先読みのコツを知る

※問題ごとに ① から順番にチェックしましょう。

B   第1問Bは問5から問7までの3問です。英語を聞き，それぞれの内容と最もよく合っている絵を，四つの選択肢 (① ～ ④) のうちから一つずつ選びなさい。

問5　　5

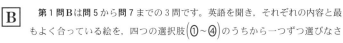

❶ 花瓶が上の段にあるか真ん中の段にあるかを集中して聞き取ります。

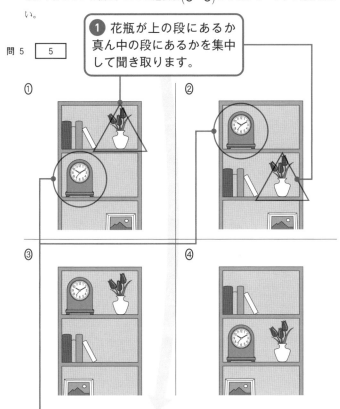

❷ 時計が真ん中の段にあるか上の段にあるかを集中して聞き取ります。

問 6 6

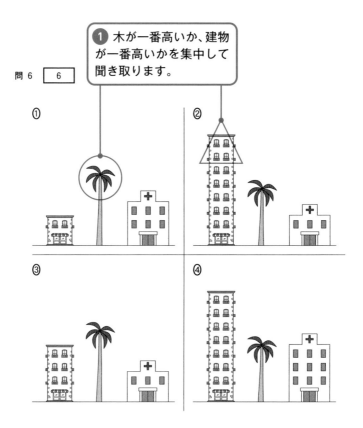

1 木が一番高いか、建物が一番高いかを集中して聞き取ります。

① ② ③ ④

078

問7　[7]

1 客で満席か誰もいないか、ウェイターが1人かを集中して聞き取ります。

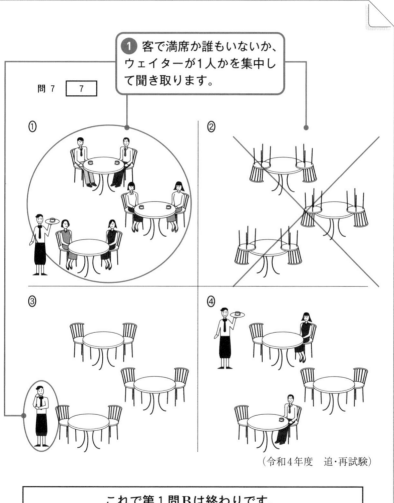

（令和4年度　追・再試験）

これで第1問Bは終わりです。

🖐解答・解説 2

解答　問5 ②　　問6 ③　　問7 ①

解説

問5　　5　　やや難

▶▶ 読み上げられた英文と訳

Question No.5

M: The books are next to the flowers, ❶below the clock.

男性：本は花の隣、時計の下にある。

👂 聞き取りのコツ

❶ below が【ビロゥ】ではなくて【バロゥ】のように読まれています。

　The books are next to the flowers「本は花の隣にある」から、正解の候補を①、②に絞ります。続いて、**below the clock**「時計の下に」から、時計の下に本と花が位置していると理解して、②が正解になります。**得点力アップの POINT 9** で説明したように、below が【ビロゥ】ではなくて【バロゥ】と読まれているので、理解できなかった人が多かったと思います。ちなみに、この問題は2回流れるので、1回目で本と花の位置関係を特定して、2回目で本と時計の位置関係を確定して、正解を導くのでもよいでしょう。

得点力アップの POINT 13　聞き取りを2回に分けて解答する

　これは、第1問と第2問のように音声が2回読まれるリスニング問題で可能な技術です。**1回目の聞き取りで一部の情報を理解して選択肢を絞った上で、2回目の聞き取りで残りの情報に集中して、正解を導く手法**です。理想は1回目で完璧に理解することですが、万が一聞き逃しても切り替えて、2回目で残りの情報を理解するようにしましょう。

①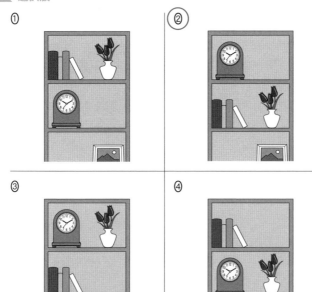

②

③

④

問6 ┃ 6 ┃ （標）

▶▶ 読み上げられた英文と訳

Question No.6

M: The hotel is taller than the hospital, **❶**but the tree **❷**is the tallest.

男性：ホテルは病院より高いが、木が一番高い。

 聞き取りのコツ

❶ but の t が脱落して、the と合わさって【**バッザ トゥウィー**】のように読まれています。

❷ is と the が合わさって【**イ（ズ）ザ**】のように読まれています。

The hotel is taller than the hospital「ホテルは病院より高い」
から、②、③、④に正解の候補を絞ることができます。butの後ろ
の**the tree is the tallest**「木が一番高い」から、③が正解になり
ます。ホテルの建物の特定が難しいので、[得点力アップの POINT 13] で説明したよ
うに、1回目の聞き取りは、「木が一番高い」だけおさえて、①、
③に正解の候補を絞ります。そして、2回目の聞き取りで、「ホテ
ルは病院より高い」を聞き取って、③を正解と判断してもよいでしょ
う。

◤ 選択肢

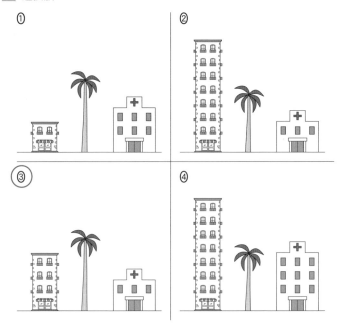

◤ 語彙リスト

☐ hospital「病院」

▶▶ 読み上げられた英文と訳

Question No.7

M: Oh, we ❶can't ❷get a table. They're full.

男性：ああ、席がないよ。満席だ。

> 🎧 聞き取りのコツ
>
> ❶ t が飲み込まれて **得点力アップの POINT 8** で示したように【キャーン（トゥ）】のように読まれています。
>
> ❷ t が **得点力アップの POINT 11** のフラップTの法則で【l】の音になり、a と合わさって【ゲラ】のように読まれています。

　we can't get a table「私たちは席を取れない」、**They're full.**「それらはいっぱいだ」から、満席であることがわかるので、①が**正解**と判断できます。full の意味さえわかれば、容易に正解できるでしょう。

■ 選択肢

① ② ③ ④

■ 語彙リスト

□ full「いっぱいで」

得点力アップの POINT 14　**full を使った会話表現**

① おなかが食べ物でいっぱい	I'm full.
② 場所が人でいっぱい	Every bus is full.「どのバスも満員だ」
③ 容器が物でいっぱい	The pot is full.「ポットは満杯だ」

　full「いっぱいで」は、いろいろな文脈で使うことができます。
I'm full. とすると「おなかが(食べ物で)いっぱいだ」、**Every bus
is full.** とすると「どのバスも(人で)いっぱいだ」、**The pot is full.**
とすると「ポットは(液体で)いっぱいだ」になります。full が聞こ
えたら、**「何かがいっぱいだ」** と連想できるようになりましょう。

第 **2** 問

2人による短い対話・イラスト選択問題

ここで勝きめる!

- イラストの先読みが重要!!
- 共通部分は無視して、異なる部分をチェックしよう!!

第2問の全体像をつかむ

2人の対話と一致するイラストを選ぶ問題が出題!!

ここで きめる！

● イラストの先読みが重要!!
● 共通部分は無視して、異なる部分をチェックしよう!!

第2問の配点を教えてください。

第2問は合計で4問です。**配点は、1問4点の計16点**になります。**第2問全体でリスニング全体の100点中16点**になります。

第2問では、どんな力が必要とされますか？

第2問では、**英語を聞き取る力**と、**音から内容を理解する力、その内容と本文のイラストを一致させる力が必要**とされています。

第2問で高得点を取るには、どうしたらよいですか？

第1問と同様に、**先読みが重要**です。第2問では、**登場人物と状況設定**が日本語で書かれているので、これも先読みすることで、リスニングの内容理解に役立ちます。イラストが選択肢ですが、**必ず先読みして、他の選択肢と異なる箇所をマーク**します。

第 **2** 問 の ま と め

● 第2問は、**2人の対話と一致するイラストを選ぶ問題**。音声は2回読まれる。

● 配点はリスニング全体の**100点中16点**。

● 第2問では、**英語を聞き取る力**と、**音から内容を理解する力**、その内容と本文のイラストを一致させる力が必要。

● 第2問では、**状況設定とイラストの先読みが重要**。イラストは、他と異なる点を先読みの段階でチェックしておく。次のページで具体的に見ていく。

2人による短い対話・イラスト選択問題

STEP 1 先読みのコツを知る

第2問 (配点 16) **音声は2回流れます。**

第2問は**問8**から**問11**までの4問です。それぞれ◯
が日本語で書かれています。対話とそれについての問
も適切なものを，四つの選択肢（①〜④）のうちから一つずつ選びなさい。

問8 バーチャルイベントで，友人同士のプロフィール画像（avatar）を当てあって
います。 8

> 1 「アバターを当てる」と
> いう状況設定を理解する
> ことで，リスニングの理解
> に役立ちます。

①

> 2 1人だけ
> パソコンを
> 持っていま
> せん。

②

> 3 1人だけ眼鏡をかけて
> いません。他と異なる点
> をチェックします。

③

> 4 1人だけ
> コップを持っ
> ていません。

④

※問題ごとに番号の順に従って、チェックしましょう。

1 「ゴミの分別」という状況設定を理解することで、リスニングの理解に役立ちます。

問9　ホームパーティーの後で，ゴミの分別をしています。　9

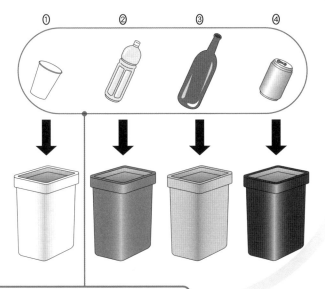

2 左から順にコップ、ペットボトル、ビン、缶を認識します。

① 「店員と客の会話」という
状況設定を理解します。

問10　靴屋で，店員と客が会話をしています。　10

①

② ①だけ模様が
あることを意識
します。

②

$60 ➡ $30

$60

③ ①と③だけセール中で
あることを意識します。

③

④

$60 ➡ $30

$60

④ ③、④にはひもがない
ことを認識します。

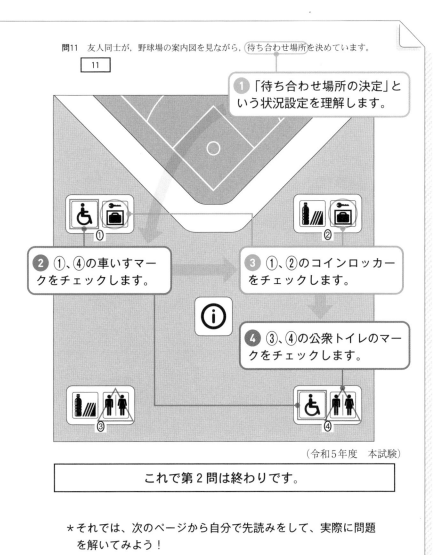

問11　友人同士が，野球場の案内図を見ながら，待ち合わせ場所を決めています。

11

❶ 「待ち合わせ場所の決定」という状況設定を理解します。

①

②

❷ ①、④の車いすマークをチェックします。

❸ ①、②のコインロッカーをチェックします。

❹ ③、④の公衆トイレのマークをチェックします。

③

④

(令和5年度　本試験)

これで第２問は終わりです。

＊それでは、次のページから自分で先読みをして、実際に問題を解いてみよう！

第 2 問 （配点 16） **音声は 2 回流れます。**

　第 2 問は**問 8** から**問 11** までの 4 問です。それぞれの問いについて，対話の場面が日本語で書かれています。対話とそれについての問いを聞き，その答えとして最も適切なものを，四つの選択肢（①～④）のうちから一つずつ選びなさい。

問 8　バーチャルイベントで，友人同士のプロフィール画像（avatar）を当てあっています。　8

問 9　ホームパーティーの後で，ゴミの分別をしています。　9

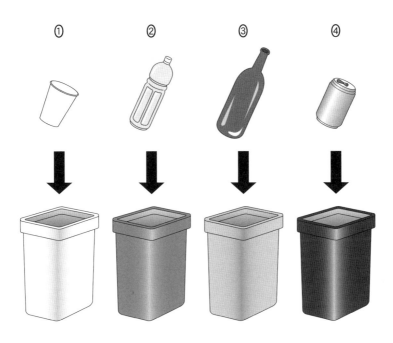

問10 靴屋で，店員と客が会話をしています。 10

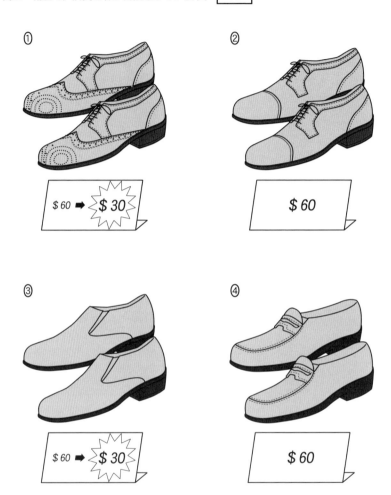

① $60 ➡ $30

② $60

③ $60 ➡ $30

④ $60

問11　友人同士が，野球場の案内図を見ながら，待ち合わせ場所を決めています。

11

（令和5年度　本試験）

これで第2問は終わりです。

解答 問8 ④ 問9 ④ 問10 ③ 問11 ②

解説

問8 　 8 　 標

▶▶ 読み上げられた英文と訳

Question No.8

M1: This avatar ❶with the glasses ❷must be you!

W1: Why, because I'm holding my ❸favorite drink?

M2: Of course! ❹And you always ❺have your computer ❻with you.

W2: You're right!

Question:

Which avatar is the woman's?

問8

男性1：この眼鏡をかけたアバターはあなたに違いない！

女性1：なんで？　私が大好きな飲み物を持っているから？

男性2：もちろん！　それと、あなたはいつもコンピューターを持っている。

女性2：その通りだね！

質問：

どのアバターが女性のものか。

❶ with と the が合わさって【ウィ(ズ)ザ】のように読まれています。

❷ must の t がストップT で後ろの be と合わさって【マス(トゥ)ビィ】のように読まれています。

❸ favorite の t がストップT で drink と合わさって【フェイヴウィッ(トゥ)ドゥウィンク】のように読まれています。

❹ And が弱形で you と合わさって【エンニュー】のように読まれています。

❺ have と your が合わさって【ハヴュア】のように読まれています。

❻ with と you が合わさって【ウィズユー】のように読まれています。

■ 語彙リスト

☐ avatar「アバター(仮想現実世界でのユーザーの分身)」 ☐ glasses「眼鏡」

☐ favorite「大好きな」 ☐ You're right!「その通り！」

■ 選択肢

①  ②  ③  ④

　This avatar with the glasses を「コップを持ったこのアバター」と理解して、①、②、④ に正解の候補を絞った人もいるかもしれません。続いて女性の第1発言 because I'm holding my favorite drink?「私が大好きな飲み物を持っているから？」に対して、男性が Of course!「もちろん！」と答えているので、やはり①、②、④ に正解の候補を絞ります。続いて、男性の第2発言 And you always **have your computer with you**.「それと、あなたはいつもコンピューターを持っている」から、②、④に正解の候補を絞れますが、正解を出すことができません。

　ここから、「眼鏡」への言及がないことと、「コップの有無」に言及するセリフが重複しているので、**得点力アップの POINT 13** で説明したように、2回目の聞き取りで、男性の第1発言の**glasses**の解釈を「眼鏡」と修正して、①、③、④に正解の候補を絞ります。そして、**コップとコンピューターを持っている④が正解**と判断します。本問ではglassesと複数形であることからも、**2枚のレンズを想定した** glasses「眼鏡」となることがわかります。

　この問題で最後に登場した**You're right!**「その通り！」を意味する英語表現をほかにも紹介します。

得点力アップの POINT 15 「その通り」を意味する表現

　You're right. は「あなたの言うことは正しい」＝「その通り」の意味になります。これ以外の**「その通り」を意味する英語表現**を紹介します。

① That's right.	「その通りだ」と相手の発言を肯定する表現です。
② Exactly.	「正確に」＝「その通り」で相手の発言に共感して同意する表現です。
③ Absolutely.	「絶対にその通り」でとても確信度の高い表現です。
④ Definitely.	「確実に」＝「その通り」で確信度の高い表現です。
⑤ Certainly.	「確実に」＝「その通り」で確信度の高い表現です。

▶▶ 読み上げられた英文と訳

Question No.9

M1: Plastic bottles go in here, ❶and paper cups here.

W1: ❷How about this, then? Should I put this in here?

M2: No, ❸that one is for glass. ❹Put it over here.

W2: OK.

Question:

Which item is the woman holding?

問9

男性1：ペットボトルはここで、紙コップはここで。

女性1：じゃあ、これは？　これはここに入れていい？

男性2：いや、それはガラス用だから。それは、ここに置いて。

女性2：わかったわ。

質問：

女性が持っているものはどれか。

👂 聞き取りのコツ

❶ andが弱形で【エン】のように読まれています。

❷ How about thisがひとかたまりになって、【ハウバウディス】のように読まれています。

❸ thatの後ろのtがストップTでoneと合わさって【ザッ(トゥ)ワン】のように読まれています。

❹ PutのtがフラップTにより【l】の音になって、itとつながって【プリッ(トゥ)】のように読まれています。

■ 語彙リスト

☐ plastic bottle「ペットボトル」　　　☐ paper cup「紙コップ」

☐ How about ～?「～はどう?」　　　☐ over here「こっちに」

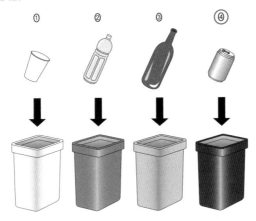

　2回聞いても意図がつかみづらいので、難しい問題です。男性の第1発言 **Plastic bottles go in here**, and **paper cups here**.「ペットボトルはここで、紙コップはここで」から、ペットボトル、紙コップの行く先の②、①を正解の候補から外します。続く女性の発言と、それに対する男性の返答から、「いや、それはガラス用だから。それは、ここに置いて」から、ガラス用の③を除外して、④が正解と判断します。

　③、④に正解の候補を絞ってからの判断が難しいので、③を選んでしまった場合もやむを得ないと言えるでしょう。女性の「これはここに入れていい？」に対して、男性がNoと答えて、「それはガラス用で、こっちだよ」と言っていることから、④の空き缶を類推するしかないでしょう。

問10　　10　　易

▶▶ 読み上げられた英文と訳

Question No.10

W1: How about this pair?

M1: No, tying shoelaces takes too much time.

W2: Well, this other style is popular. ❶These are ❷50% off, too.

M2: Nice! I'll take them.

Question:

Which pair of shoes will the man buy?

問10

女性1：こちらはいかがですか？

男性1：いや、靴ひもを結ぶのは時間がかかりすぎる。

女性2：ええと、この別のスタイルが人気です。これは50％オフでもあります。

男性2：いいですね！　それにします。

質問：

男性はどの靴を買うつもりか。

🎧 聞き取りのコツ

❶ These と are がくっついて【ディーズァー】のように読まれています。

❷ %(percent) の t が脱落して後ろの off とつながり【フィフティパーセンノフ】のように読まれています。

◀ 語彙リスト

☐ pair「1組」　　　　　　　　　　☐ tying(tie の動名詞)「縛る、結ぶ」

☐ shoelace「靴ひも」　　　　　　☐ style「スタイル、型」

◀ 選択肢

① $60 ➡ $30　② $60　③ $60 ➡ $30　④ $60

男性の第1発言 tying shoelaces takes too much time「靴ひもを結ぶのは時間がかかりすぎる」に着目します。too 〜にはネガティブなニュアンスがあるので、男性がひものない靴を望んでいると推測して、③、④に正解の候補を絞ります。女性の第2発言の These are 50% off, too.「これは50%オフでもあります」に対して、男性がポジティブな反応を示しているので、③が正解と判断します。なお、この文の too は形容詞や副詞を修飾する too ではなくて、文尾に置いて「〜も」の意味になる too なので、ネガティブなニュアンスはありません。

問11 ┌─── 11 ───┐ 易

▶▶ 読み上げられた英文と訳

Question No.11

W1: Where ❶shall we meet?

M1: Well, I want to get some food before the game.

W2: ❷And I need to use a locker.

M2: Then, let's meet there.

Question:

Where will they ❸meet up before the game?

問11

女性1：私たちはどこで待ち合わせる？

男性1：ええと、試合の前に食べ物を買いたいな。

女性2：そして、私はロッカーを使う必要がある。

男性2：じゃあ、そこで待ち合わせにしよう。

質問：

試合の前に彼らはどこで待ち合わせるか。

 聞き取りのコツ

❶ shall が弱形で【ショウ】のように読まれて、we と合わさって【ショウウィ】のように読まれています。

❷ And が弱形で I と合わさって【エナイ】のように読まれています。

❸ meet の t がフラップ T で【l】になって up と合わさって【ミーラップ】のように読まれています。

■ 語彙リスト

☐ meet up「落ち合う(約束をして会う)」

■ 選択肢

　男性の第1発言で、**get some food**「食べ物を買う」と言っているので、地図上のアイコン②、③のサンドイッチとペットボトルのマークに正解の候補を絞ります。さらに女性の第2発言 And I **need to use a locker**.「そして、私は**ロッカーを使う必要がある**」から、②が正解と判断します。

　＊次からは先読みのコツは、問題を解いたあとに掲載してあります。

第2問　(配点　16)　音声は2回流れます。

第2問は問8から問11までの4問です。それぞれの問いについて，対話の場面が日本語で書かれています。対話とそれについての問いを聞き，その答えとして最も適切なものを，四つの選択肢(**①~④**)のうちから一つずつ選びなさい。

問8　教科書を見ながら，ゲンジボタルの成長について話をしています。　| 8 |

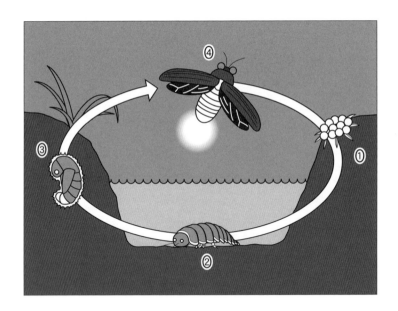

問 9 来週の文化祭で販売するエコバッグのデザインについて話し合っています。

9

①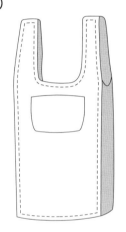

②

③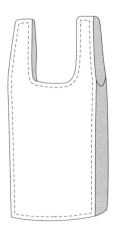

④

問10 キャンプ場に着いた妹が，携帯電話で兄と話をしています。 10

①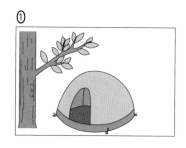

②

③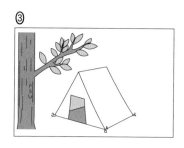

④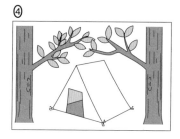

問11　フェリー乗り場で，今日の観光の予定を決めています。　　11

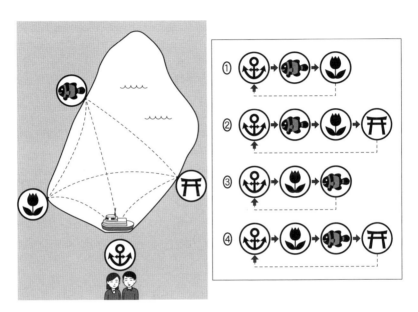

（令和5年度　追・再試験）

これで第2問は終わりです。

先読みのコツを知る

第2問 （配点 16） 音声は2回流れます。

第2問は問8から問11までの4問です。それぞれの問いについて，対話の場面が日本語で書かれています。対話とそれについての問いを聞き，その答えとして最も適切なものを，四つの選択肢（①〜④）のうちから一つずつ選びなさい。

問8 教科書を見ながら，ゲンジボタルの成長について話をしています。　8

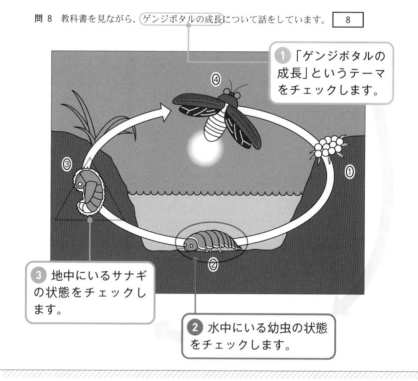

① 「ゲンジボタルの成長」というテーマをチェックします。

③ 地中にいるサナギの状態をチェックします。

② 水中にいる幼虫の状態をチェックします。

※問題ごとに番号の順に従って、チェックしましょう。

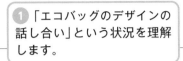

1 「エコバッグのデザインの話し合い」という状況を理解します。

問 9　来週の文化祭で販売する<u>エコバッグのデザイン</u>について話し合っています。

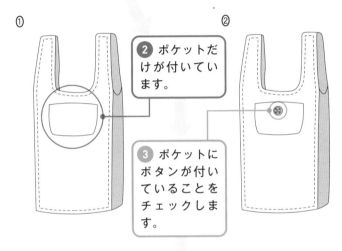

①

2 ポケットだけが付いています。

②

3 ポケットにボタンが付いていることをチェックします。

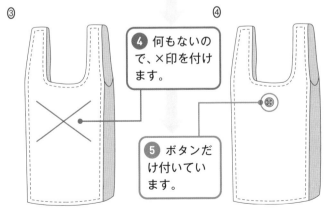

③

4 何もないので、×印を付けます。

④

5 ボタンだけ付いています。

❶ 「キャンプ場で妹が兄と電話で話す」という状況を理解します。

問10 キャンプ場に着いた妹が，携帯電話で兄と話をしています。 | 10 |

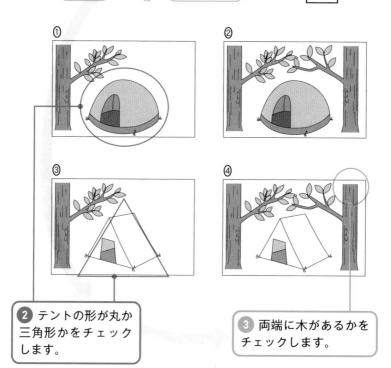

① ② ③ ④

❷ テントの形が丸か三角形かをチェックします。

❸ 両端に木があるかをチェックします。

❶「フェリー乗り場で観光の予定を話す」という状況を理解します。

問11 フェリー乗り場で, 今日の観光の予定を決めています。 11

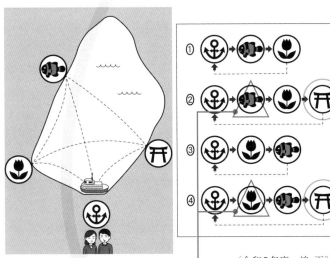

(令和5年度　追・再試験)

❷ 2番目にチューリップマークの場所に行くか、水族館に行くかの違いを聞き取りましょう。

❸ ②、④だけ最後に「神社」に立ち寄ることを理解します。

これで第2問は終わりです。

👍 解答・解説 ①

解答　問8　③　　問9　①　　問10　②　　問11　③

解説

問8　　8　　易

▶▶ 読み上げられた英文と訳

Question No.8

W1: Fireflies hatch from eggs. And in the next stage, they live underwater.

M1: I know that. But then, they continue developing underground?

W2: Yes. ❶Didn't you know that?

M2: No. Aren't fireflies amazing?

Question:

Which stage has the man ❷just learned about?

問8

女性1：ホタルは卵から孵化_{ふか}するの。そして、次の段階では、水中で生息するんだ。

男性1：僕はそれを知っているよ。しかし、それから、ホタルは地中で成長し続けるの？

女性2：ええ、あなたはそれを知らなかったの？

男性2：うん、知らなかった。ホタルはすごくない？

質問：

男性がちょうど学んだのは、どの段階についてか。

👂 聞き取りのコツ

❶ Didn'tとyouが合わさって【ディドゥンチュー】のように読まれています。

❷ justのtがストップTで後ろのlearnedと合わさって【ジャス（トゥ）ラーンドゥァバウトゥ】のように読まれています。

112

■ 語彙リスト

☐ firefly「ホタル」　　☐ hatch「孵化する」　　☐ underwater「水中で」

☐ develop「成長する」　☐ underground「地中で」　☐ amazing「驚くべき」

■ 選択肢

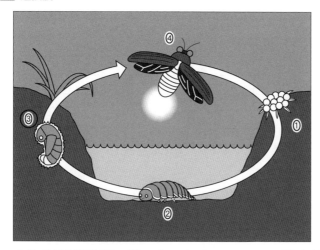

　女性の第1発言 Fireflies hatch from eggs. の意味がわからなくても、**they live underwater**「それらは水中で生息する」から、**イラスト中の②を意味している**と判断します。それに対して、男性の第1発言で I know that. と答えているので、①や②は正解になりません。

　次の男性の発言の they continue **developing underground?**「ホタルは地中で成長し続けるの？」から、**③に進んだ**ことがわかります。女性の第2発言 Didn't you know that? は否定疑問文といわれる表現で、男性の返答が No. となっていますが、**動詞の know に対してのもの**とわかれば「いいえ、知らなかったよ」と意味を正確にとらえられます。よって、**男性は「ホタルが地中で成長し続ける」**ことを学んだとわかるので、**③が正解**です。発音も要注意です。

POINT 16 否定疑問文の発音に注意する！

tと後ろの音が合わさって【チュー】となる場合と、tが脱落して【ニュー】と読まれる場合があるので、両方おさえておきましょう。

否定疑問文	読みかた①	読みかた②
① Don't you ～？	**ドンチュー**	**ドンニュー**
② Didn't you ～？	**ディドゥンチュー**	**ディドゥンニュー**
③ Aren't you ～？	**アーンチュー**	**アーンニュー**
④ Can't you ～？	**キャンチュー**	**キャンニュー**

問9 ⬚9⬚ 易

▶▶ 読み上げられた英文と訳

Question No.9

M1: We ❶need to make twenty eco-friendly bags, so a simple design is best.

W1: Is a ❷pocket necessary?

M2: ❸Definitely, but ❹we don't have enough time to add buttons.

W2: So, this design!

Question:

Which eco-friendly bag ❺will they make?

問9

男性1：私たちはエコバッグを20個作る必要があるので、シンプルなデザインが一番いい。

女性1：ポケットは必要？

男性2：もちろん、でもボタンを付ける時間はないね。

女性2：それなら、このデザインだね！

質問：

彼らが作るのはどのエコバッグか。

聞き取りのコツ

❶ needのdが脱落してtoとつながり、後ろのmakeと合わさって【ニートゥメイク】のように読まれています。

❷ pocketのtがストップTで、後ろのnecessaryにつながり【パケッ(トゥ)ネセサウィ】のように読まれています。

❸ DefinitelyのteがストップTで【デファニッ(トゥ)リィ】のように読まれています。

❹ don'tのtがストップTで前後と合わさって【ウィドン(トゥ)ハヴ】のように読まれています。

❺ willが【ウォウ】のように読まれて【ウォウゼイ】のように読まれています。

語彙リスト

☐ eco-friendly bag「エコバッグ」　　　　☐ Definitely.「もちろん。」

☐ add「加える」　　　　☐ button「ボタン」

選択肢

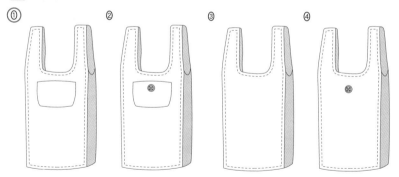

⓪　　　②　　　③　　　④

　女性の第1発言「ポケットは必要？」に対して、男性の第2発言でDefinitely「もちろん」と答えているので、①、②に正解の候補を絞ります。butの後ろの we don't have enough time to add

buttons「ボタンを付ける時間はないね」から、ボタンの付いていない①が正解と判断できます。

問10　10　易

▶▶ 読み上げられた英文と訳

Question No.10

W1: I'm here. Wow, ❶there are so many ❷different tents. Which one's yours?

M1: Mine's round. ❸Can't you see it?

W2: No. ❹Where is it?

M2: It's between the trees.

Question:

Which one is the brother's tent?

問10

女性1：着きました。わあ、いろいろなテントがとてもたくさんある。どのテントがお兄ちゃんの？

男性1：僕のは丸いのだよ。それがわからない？

女性2：わからないわ。それはどこ？

男性2：それは木と木の間だよ。

質問：

兄のテントはどれか。

👂 聞き取りのコツ

❶ thereとareがくっついて【ゼアァー】のように読まれています。

❷ differentのtがストップTで後ろのtentsとつながり【ディファウェン(トゥ)テンツ】のように読まれています。

❸ Can'tとyouが合わさって【キャンチュー】のように読まれています。

❹ Where、is、itが合わさって【ウェアリズィッ(トゥ)】のように読まれています。

◢ 語彙リスト

☐ round「丸い」

◢ 選択肢

　男性の第1発言 **Mine's round.**「僕の(テント)は丸い」から、①、②に正解の候補を絞ります。男性の第2発言の **It's between the trees.**「それは木と木の間だよ」から、②が正解と判断します。

問11 ☐11 やや難

▷▷ **読み上げられた英文と訳**

Question No.11

M1: We can take the ferry to the garden, then the aquarium.

W1: I want to visit the shrine, too.

M2: But, ❶don't forget, dinner is ❷at six.

W2: OK. Let's go there tomorrow.

Question:

Which route ❸will they take today?

問11

男性1：私たちは庭園までフェリーに乗って、次に水族館に行けるよ。

女性1：私は神社にも行きたいわ。

男性2：けど、夕食が6時なのを忘れないで。

女性2：いいよ。明日そこに行こう。

質問：

彼らが今日たどるのは、どのルートか。

❶ don'tのtがストップTで、【ドン（トゥ）フォゲットゥ】のように読まれています。

❷ atのtがストップTで、sixと合わさって【アッ（トゥ）スィックス】のように読まれています。

❸ willが【ウォウ】となってtheyと合わさって【ウォウゼイ】のように読まれています。

◼ 語彙リスト

☐ ferry「フェリー」　　　　　☐ garden「庭園」

☐ shrine「神社」　　　　　　☐ route「経路」

◼ 選択肢

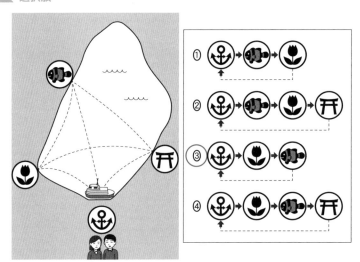

　先読みをしていないと、花マークが garden を意味していることなどが瞬時にわからないので、ここでも先読みが力を発揮します。男性の第1発言 We can take the ferry to **the garden, then the**

aquarium.「私たちは庭園までフェリーに乗って、次に水族館に行けるよ」から、③、④に正解の候補を絞ります。

女性の第1発言 I want to **visit the shrine**, too.「私は神社にも行きたいわ」に対して、男性は第2発言で「夕食が6時なのを忘れないで」と言い、それを受けて、女性は第2発言で「いいよ。明日そこに行こう」と言います。よって、神社を含まない③が正解と判断できます。

神社の話題に反応して、つい④を選んでしまいがちですが、次の男性の発言で**But**と逆接が使われて、女性が最後の発言で「明日行こう」と言うので③が正解になります。最後まで会話に集中することの大切さがわかる問題です。

第2問 （配点 16） **音声は2回流れます。**

　第2問は**問8**から**問11**までの4問です。それぞれの問いについて，対話の場面が日本語で書かれています。対話とそれについての問いを聞き，その答えとして最も適切なものを，四つの選択肢（①〜④）のうちから一つずつ選びなさい。

問8 電話で，落とし物の問い合わせをしています。 ⬚8⬚

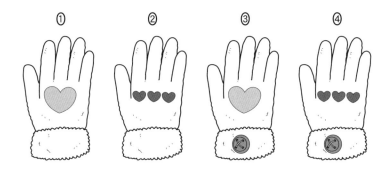

① ② ③ ④

問 9　どのスピーカーを買うか話をしています。　9

① ② ③ ④

問10 弟が，出かけようとしている姉に話しかけています。 | 10 |

①

②

③

④

問11　友人同士が，車を停めたところについて話しています。 　11

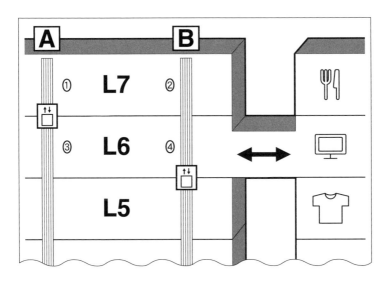

（令和4年度　追・再試験）

これで第2問は終わりです。

第2問 （配点 16） <u>音声は2回流れます。</u>

第2問は問8から問11までの4問です。それぞれの問いについて，対話の場面が日本語で書かれています。対話とそれについての問いを聞き，その答えとして最も適切なものを，四つの選択肢 ① ～ ④ のうちから一つずつ選びなさい。

問 8 電話で，落とし物の問い合わせをしています。　8

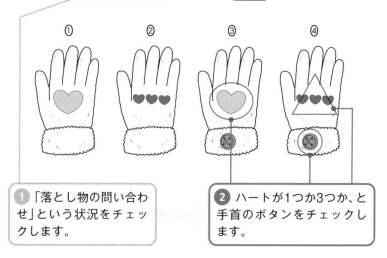

① 　② 　③ 　④

❶ 「落とし物の問い合わせ」という状況をチェックします。

❷ ハートが1つか3つか、と手首のボタンをチェックします。

※問題ごとに番号の順に従って、チェックしましょう。

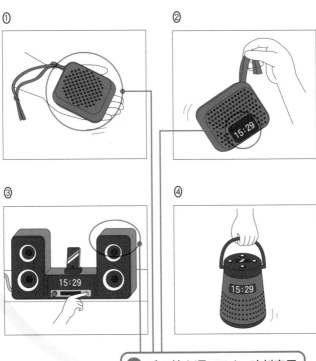

① 「スピーカーの買い物」という状況をチェックします。

問 9　どのスピーカーを買うか話をしています。　9

② 手で持ち運べるか、時刻表示があるか、スピーカーの形かをチェックします。

1 「弟と姉の出かける直前の会話」という
状況をチェックします。

問10 弟が，出かけようとしている姉に話しかけています。 [10]

2 ブーツかヒールか、コートを着て
いるかいないかをチェックします。

① 「友人同士の車の停車場所の話」と
いう状況をチェックします。

問11 友人同士が，車を停めたところについて話しています。 ☐11

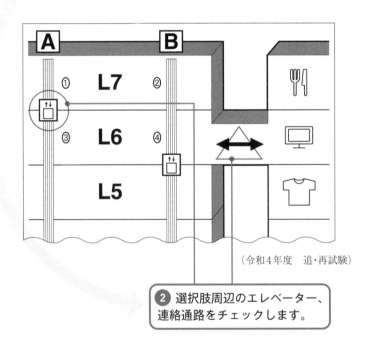

（令和4年度　追・再試験）

② 選択肢周辺のエレベーター、
連絡通路をチェックします。

これで第2問は終わりです。

👍 解答・解説 2

解答 問8 ④　　問9 ②　　問10 ③　　問11 ③

解説

問8　　8　　易

▶▶ **読み上げられた英文と訳**

Question No.8

W1: Well, the glove I lost is white.

M1: ❶Can you ❷describe it more?

W2: There's a heart, oh... no, three of them, and a button.

M2: It's here. Please ❸come and get it.

Question:

Which one is her lost glove?

問8

女性1：ええと、私がなくした手袋は白いものです。

男性1：もっと詳しく説明してくれますか？

女性2：ハートが1つ、いや3つのハートとボタンが付いています。

男性2：それならここにあります。どうぞ取りに来てください。

質問：

彼女がなくした手袋はどれか。

👂）**聞き取りのコツ**

❶ Can と you が合わさって【**キャニュー**】のように読まれています。

❷ describe と it が合わさって【**ディスクワイビッ（トゥ）**】のように読まれています。

❸ and が弱形で、get と it が合わさって【**カムァンゲリッ**】のように読まれています。

128

■ 選択肢

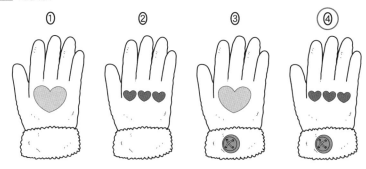

　女性の第2発言 There's a heart, oh... no, **three of them, and a button**.「ハートが1つ、いや**3つのハートとボタン**が付いています」から、④**が正解**と判断します。確実に正解したい問題の1つと言えるでしょう。

問9　　9　　標

▶▶ 読み上げられた英文と訳

Question No.9

M1: Will you ①just ②use it ③in your room?

W1: No, sometimes I'll ④take it outside.

M2: So, ⑤how about this square one?

W2: Cool. ⑥And it tells the time, too.

Question:

Which one will the woman buy?

問9

男性1：あなたは自分の部屋だけでそれを使われますか？

女性1：いいえ、ときどき外に持っていきます。

男性2：それなら、この正方形のものはどうですか？

女性2：いいね。時間もわかるんだ。

質問：

女性が買うのはどれか。

❶ justのtがストップTで【ジャス（トゥ）】のように読まれています。

❷ useとitが合わさって【ユーズィッ（トゥ）】のように読まれています。

❸ inとyourが合わさって【インニュァ】のように読まれています。

❹ takeとitが合わさって、tがフラップTの法則で【l】の音になり【テイキッルアウ（トゥ）サイドゥ】のように読まれています。

❺ aboutのtがストップTでthisとつながり、thisとsquareが合わさって【ハウァバウディスクウェアワン】のように読まれています。

❻ Andが弱形でitと合わさり【エニッ（トゥ）】のように読まれています。

◼ 語彙リスト

☐ outside「外で」　　　　　　　　☐ square「正方形の」

☐ tell the time「時間を告げる」

◼ 選択肢

① 　② 　③ 　④

　男性の第1発言 Will you just use it in your room?「あなたは自分の部屋だけでそれを使われますか？」に対して、女性の第1発言でNo, sometimes I'll **take it outside**.「いいえ、ときどき**外に持っていきます**」と答えていることから、室内用の③を除いた、①、②、④に正解の候補を絞ります。

続いて、男性の第2発言So, how about this **square** one?「そ
れなら、この正方形のものはどうですか？」に対して、女性が第2
発言でCool.「いいね」と返しているので、正方形の①、②に正解
の候補を絞ります。最後に、Cool.の続きでit **tells the time, too.**
「時間もわかるんだ」とあるので、時刻が表示されている②が正解
になります。

得点カアップの POINT 17 形状を表す英語表現をおさえる!!

イラスト付きのリスニング問題では、形状を尋ねる英語表現が頻
出です。ここでまとめるので、しっかりとおさえておきましょう。

形状	英語表現
正方形の	square
丸い	round
三角形	triangle
長方形	rectangle

問10 ┃ **10** ┃ **難**

▶▶ **読み上げられた英文と訳**

Question No.10

M1: Nice coat.

W1: Thanks. It's new ❶and goes well ❷with these boots.

M2: ❸But it's so warm today.

W2: OK, I'll wear these instead. ❹But I'll keep this on. Bye.

Question:

How is the sister dressed when she goes out?

問10

男性1：素敵なコートだね。

女性1：ありがとう。新しくて、このブーツによく合う。

男性2：けど、今日はとても暖かいよ。

女性2：わかったわ、その代わりにこれを履いていく。けど、これは

着たままにする。じゃあね。

質問：

姉は外出するときに、どんな服装をしているか。

❶ and が弱形で goes well とつながって【エンゴゥズウェゥ】のように読まれています。
❷ with と these がつながり【ウィズィーズ】のように読まれています。
❸ But の t がフラップ T で【l】の音になり、it's と合わさって【バリッツ】のように読まれています。
❹ But がフラップ T で【l】の音になり、I'll と合わさって【バライゥ】のように読まれています。

◀ 語彙リスト

☐ go with「〜に合う」　　　　　　　☐ instead「その代わりに」

☐ keep 〜 on「〜を身に着けたままでいる」　☐ be dressed「〜な服装をしている」

◀ 選択肢

① ② ③ ④

　男性の第1発言 Nice coat.「素敵なコートだね」に対して、女性が「新しくて、このブーツによく合う」から、この段階では①を正解と予測します。続いて男性の第2発言「けど、今日はとても暖かいよ」に対して、女性は第2発言で OK, I'll **wear these instead.**「わかったわ、その代わりにこれを身に着ける」と言います。**these が複数なので、instead「その代わりに」は boots に対して使われていると判断して、ブーツではない③、④に正解の候補を絞ります。**

最後にBut I'll **keep this on**.「けど、これは着たままにする」の**this**が単数なので、**coat**を指していると判断して、③が正解になります。**these**、**this**が何を指しているかを複数、単数で考えるしかないので、きわめて難しい問題と言えるでしょう。ブーツを履かないことの判断がとても難しいので、①を正解に選んでもやむを得ないと言えるでしょう。

問11　　10　　やや難

▶▶ **読み上げられた英文と訳**

Question No.11

M1: ❶Didn't we park the car on Level 6?

W1: Not 7? No! You're right.

M2: It was ❷next to Elevator A.

W2: Yeah, we ❸walked directly across the bridge into the store.

Question:

Where did they park their car?

問11

男性1：僕たちは6階に車を停めたんじゃなかった？

女性1：7階じゃないの？　いいや！　あなたが正しいね。

男性2：それはエレベーターAの隣だった。

女性2：ええ、私たちは連絡通路をまっすぐ歩いて、お店に入ったよ。

質問：

彼らが車を停めたのはどこか。

🎧 **聞き取りのコツ**

❶ Didn'tのtがストップTで【**ディドゥン（トゥ）ウィ**】のように読まれています。

❷ nextのtが脱落してtoと合わさり【**ネクストゥ**】のように読まれています。

❸ walkedのedが後ろのdirectlyと合わさって【**ウォーク（トゥ）ダイウェク（トゥ）リィ**】のように読まれています。

■ 選択肢

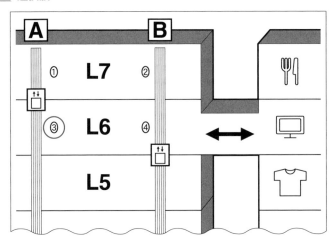

　男性の第1発言 **Didn't we** park the car on **Level 6**?「僕たち は6階に車を停めたんじゃなかった？」に対して、女性が Not 7? No! **You're right.**「7階じゃないの？　いいや！　**あなたが正し いね**」と返していることから、L6の③、④に正解の候補を絞ります。 続いて、男性の第2発言 It was **next to Elevator A.**「それはエレ ベーターＡの隣だった」に対して、女性の第2発言で **Yeah.** と答え ているので③が正解になります。

　女性の第1発言の Not 7? から、①を正解としてしまう方もいる かもしれませんが、女性の第2発言 we walked directly across the bridge into the store.「私たちは**連絡通路をまっすぐ歩いて、 お店に入ったよ**」から、①を排除して、③を正解に選びましょう。

第 3 問

2人による対話・設問提示型問題

ここで**動きめる！**

- 選択肢は先読みしない‼
- 状況設定と設問だけ先読みすることが重要‼

第3問の全体像をつかむ

2人が登場する対話問題が出題!!
音声は1回しか流れない!!

ここで きめる！
- 選択肢は先読みしない!!
- 状況設定と設問だけ先読みすることが重要!!

第3問の配点を教えてください。

第3問は合計で6問です。**配点は、1問3点です。第3問でリスニング全体の100点中18点**になります。

第3問では、どんな力が必要とされますか？

対話の内容理解と、問いに答える力です。先読みをうまく使って、全体の理解と部分的な理解の両方が必要になります。

第3問で高得点を取るには、どうしたらよいですか？

まずは、**設問の先読みが重要**です。第3問から、設問と選択肢が登場しますが、重要なのは**状況設定と設問だけを先読みして、選択肢を先読みしないこと**です。選択肢まで先読みしてしまうと、第3問のアナウンスの間に、第3問のすべての問題に目を通すことができません。まずは、第2問終了後から第3問のアナウンスが終わるまでに、**状況設定と設問だけを先読みして**、問題のアナウンスが始まったら聞き取りに集中しましょう。

第 3 問 の ま と め

- 第3問は、**2人が登場する対話問題**が出題される。音声は1回のみ
読まれる。
- 配点はリスニング全体の**100点中18点**。
- 第3問では、**設問の先読み**に加えて、**対話の内容理解**と、問いに
答える力が必要とされる。
- 設問の先読みが重要で、状況設定と設問だけを先読みする。次の
先読みのコツを知るというページで具体的に紹介する。

2人による対話・設問提示型問題

STEP 1 先読みのコツを知る

第3問 (配点 18) **音声は1回流れます。**

第3問は問12から問17までの6問です。それぞれの問いについて，対話の場面が日本語で書かれています。対話を聞き，問いの答えとして最も適切なものを，四つの選択肢(①~④)のうちから一つずつ選びなさい。(問いの英文は書かれています。)

問12 地下鉄の駅で，男性が目的地への行き方を質問しています。

Which subway line will the man use first? 　12

① The Blue Line
② The Green Line
③ The Red Line
④ The Yellow Line

❶「どの路線に最初に乗るか」を集中して聞き取ります。

問13 夫婦が，夕食について話し合っています。

What will they do? 　13

① Choose a cheaper restaurant
② Eat together at a restaurant
③ Have Indian food delivered
④ Prepare Indian food at home

❷ What will they do? は、「対話のあとにどうするか」ということなので、全体を聞きながら「最終的に夕食をどうするのか」を集中して聞き取ります。

問14 高校生同士が，授業後に話をしています。

What did the boy do? 　14

① He checked his dictionary in class.
② He left his backpack at his home.
③ He took his backpack to the office.
④ He used his dictionary on the bus.

❸「少年が何をしたか」を集中して聞き取ります。

※ **1**〜**6** の番号順にチェックしましょう。

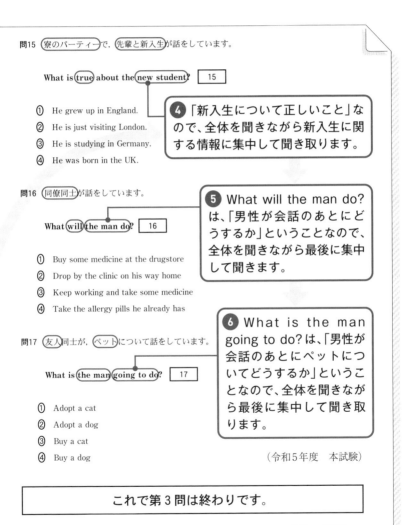

問15 寮のパーティーで，先輩と新入生が話をしています。

What is true about the new student? ☐ 15

① He grew up in England.
② He is just visiting London.
③ He is studying in Germany.
④ He was born in the UK.

4「新入生について正しいこと」なので、全体を聞きながら新入生に関する情報に集中して聞き取ります。

問16 同僚同士が話をしています。

What will the man do? ☐ 16

① Buy some medicine at the drugstore
② Drop by the clinic on his way home
③ Keep working and take some medicine
④ Take the allergy pills he already has

5 What will the man do? は、「男性が会話のあとにどうするか」ということなので、全体を聞きながら最後に集中して聞きます。

問17 友人同士が，ペットについて話をしています。

What is the man going to do? ☐ 17

① Adopt a cat
② Adopt a dog
③ Buy a cat
④ Buy a dog

6 What is the man going to do? は、「男性が会話のあとにペットについてどうするか」ということなので、全体を聞きながら最後に集中して聞き取ります。

（令和5年度　本試験）

┌─────────────────────────┐
│　　これで第3問は終わりです。　　│
└─────────────────────────┘

＊それでは、次のページから自分で先読みをして、実際に問題を解いてみよう！

第
3
問

2人による対話・設問提示型問題

第3問 (配点 18) <u>音声は1回流れます。</u>

第3問は問12から問17までの6問です。それぞれの問いについて，対話の場面が日本語で書かれています。対話を聞き，問いの答えとして最も適切なものを，四つの選択肢(①～④)のうちから一つずつ選びなさい。(問いの英文は書かれています。)

問12 地下鉄の駅で，男性が目的地への行き方を質問しています。

Which subway line will the man use first? 　12

① The Blue Line
② The Green Line
③ The Red Line
④ The Yellow Line

問13 夫婦が，夕食について話し合っています。

What will they do? 　13

① Choose a cheaper restaurant
② Eat together at a restaurant
③ Have Indian food delivered
④ Prepare Indian food at home

問14 高校生同士が，授業後に話をしています。

What did the boy do? 　14

① He checked his dictionary in class.
② He left his backpack at his home.
③ He took his backpack to the office.
④ He used his dictionary on the bus.

問15 寮のパーティーで，先輩と新入生が話をしています。

What is true about the new student? 　15

① He grew up in England.

② He is just visiting London.

③ He is studying in Germany.

④ He was born in the UK.

問16 同僚同士が話をしています。

What will the man do? 　16

① Buy some medicine at the drugstore

② Drop by the clinic on his way home

③ Keep working and take some medicine

④ Take the allergy pills he already has

問17 友人同士が，ペットについて話をしています。

What is the man going to do? 　17

① Adopt a cat

② Adopt a dog

③ Buy a cat

④ Buy a dog

（令和5年度　本試験）

第 3 問

2人による対話・設問提示型問題

これで第 3 問は終わりです。

解答　問12　②　　問13　④　　問14　④　　問15　④
　　　　問16　①　　問17　①

解説

問12　[12]　（易）

▶▶　読み上げられた英文と訳

Question No.12

M1: Excuse me. I'd like to go to Central Station. ❶What's the best way to ❷get there?

W1: After you take the Green Line, ❸just transfer to the Blue Line or the Yellow Line at Riverside Station.

M2: ❹Can I also take the Red Line first?

W2: Usually that's faster, ❺but it's closed for maintenance.

問12

男性1：すみません。セントラルステーションに行きたいのですが。そこに行くのに一番よい方法は何ですか。

女性1：グリーンラインに乗ったあとに、リバーサイドステーションで、ブルーラインかイエローラインに乗り換えてください。

男性2：初めにレッドラインに乗ることもできますか？

女性2：いつもはそれが速いですが、メンテナンスで運休しています。

（聞き取りのコツ）

❶ What'sとtheが合わさって、bestのtがストップTでwayと合わさって【ワッ（ツ）ザベス（トゥ）ウェイ】のように読まれています。

❷ getとthereが合わさって【ゲッ（トゥ）ゼア】のように読まれています。

❸ justのtが脱落してtransferが合わさって【ジャストゥワンスファ】のように読まれています。

❹ CanとIが合わさって【キャナイ】のように読まれています。

❺ butとit'sが合わさって【バディッツ】のように読まれています。

質問：

男性が最初に使う地下鉄の路線はどれか。

① ブルーライン
② **グリーンライン**
③ レッドライン
④ イエローライン

■ 語彙リスト

☐ Excuse me. 「すみません」 ☐ transfer 「乗り換える」

☐ usually 「たいていは」 ☐ maintenance 「メンテナンス (整備)」

　場面設定の「地下鉄」、「男性が目的地への行き方を質問している」の2点をおさえて、「最初にどの路線に乗るか」を集中して聞き取ります。女性の第1発言でAfter you take **the Green Line**, 〜.とあるので、②を正解と推測します。男性は第2発言でCan I also take **the Red Line first**?「初めにレッドラインに乗ることもできますか？」と尋ねていますが、次の女性の発言の後半〜, but it's closed for maintenance.「〜だが、メンテナンスで運休しています」から、最初の予測通り②が**正解**と断定します。リスニングでも**but の後ろは要注意**です。

　女性の最後の発言では、**Usually 〜, but ....**「いつもは〜だが、…」の表現が使われ、平常の運行状況を示した後、butが置かれ、現在の状況が強調されています。このUsually 〜, but ....は、**一般論→逆接→主張の論理展開**で主張を強調するときにもよく使われるのでおさえておきましょう。

▶▶　読み上げられた英文と訳

Question No.13

M1: ❶Would you like to go out for dinner?

W1: Well, I'm not sure.

M2: ❷What about an Indian restaurant?

W2: You know, I like Indian food, but we shouldn't ❸spend too much money this week.

M3: Then, ❹why don't we just ❺cook it ourselves, instead?

W3: That's a better idea!

問13

男性1：夕食を外で食べたい？

女性1：ええと、どうしようかしら。

男性2：インド料理のレストランはどう？

女性2：ええと、インド料理は好きだけど、私たちは今週お金をあまり使わない方がいいでしょ。

男性3：それなら、その代わりに自分たちでインド料理を作るのはどう？

女性3：そっちの方がいい考えね！

聞き取りのコツ

❶ Wouldとyouが合わさって【ウジュー】のように読まれています。

❷ Whatとaboutが合わさって2つのtがフラップTで【l】になって【ワラバウランインディアン】のように読まれています。

❸ spendのdが飲み込まれてtooが合わさって【スペン(ドゥ)トゥー】のように読まれています。

❹ Whyとdon'tとweが合わさってdon'tのtがストップTで【ワイドン(トゥ)ウィ】のように読まれています。

❺ cook、it、ourselvesが合わさってitのtがフラップTで【l】になって【クッキィラーセウヴズ】のように読まれています。

質問：

彼らはどうするか。

① もっと安いレストランを選ぶ
② レストランで一緒に食べる
③ インド料理を配達してもらう
④ **家でインド料理を用意する**

◤ 語彙リスト

☐ I'm not sure. 「わからない」　　　☐ What about ～? 「～はどうですか?」

☐ Why don't we ～? 「(一緒に)～しよう」　☐ instead 「その代わりに」

　場面設定の夫婦の会話、「夕食について」をおさえて、質問の
What will they do? に着目します。

> **得点力アップの POINT 18**　**What will S do? 型の設問は、**
> **会話の最後に集中する !!**
>
> 　設問の What will S do? は、「S は**これから何をするつもりか?**」
> の意味なので、会話全体を理解しつつ、**最後の方に意識を集中**して、
> 聞き取ります。この形式は、英語の資格試験などにも使用されるので、
> 会話の最後に意識を集中して、「**会話後に何をやるか**」を念頭に聞
> き取ります。

　本問の説明に戻ると、男性が第2発言でインド料理のレストラン
を提案しているのに対して、女性は第2発言で we shouldn't spend
too much money this week 「私たちは今週お金をあまり使わな
い方がいいでしょ」と言っています。ここから、女性が外食の案
を否定していることを理解します。男性の第3発言 why don't we
just cook it ourselves, instead? 「その代わりに自分たちでインド
料理を作るのはどう?」に対して、女性が **That's a better idea!**
「そっちの方がいい考えね」と同意しているので、④が正解になります。

この会話に登場した **Why don't we 〜?**「(一緒に)〜しよう」がとても重要なので、次にまとめておきます。

POINT 19　提案表現

形状	意味
① Why don't you 〜?【ワイドンニュー】	「〜してはどうですか？」
② Why don't we 〜?【ワイドンウィー】	「〜しませんか？」 (自分を含めた提案)

Why don't you 〜?は、直訳すると「なぜ〜しないの？」ですが、実際は「**〜してはどうですか？**」という**簡単な提案表現**になります。発音も注意しましょう。**Why don't you 〜?**はdon'tのtの音が消えてyouと一緒になり、**【ドンニュー】**のように読まれて**【ワイドンニュー】**となったり、tの音を残してつながり**【ワイドンチュー】**のように読まれたりすることがあります。

一方で、**Why don't we 〜?**は、「**なぜ私たちは〜しないのか？**」＝「**〜しませんか？**」というLet's 〜.に近い意味の**自分を含めた提案表現**です。**Why don't we 〜?**は**【ワイドンウィー】**のように読まれることに注意しましょう。

問14　14　標

▶▶ 読み上げられた英文と訳

Question No.14

M1: I can't find my dictionary!

W1: When ①did you ②use it last? In class?

M2: No, ③but I ④took it out of my backpack this morning in the bus to check my homework.

W2: You must have ⑤left it there. The driver will ⑥take it to the office.

M3: Oh, I'll call the office, then.

問14

男性1：辞書が見つからない！

女性1：最後に辞書を使ったのはいつ？　授業中？

男性2：いいや、だけど今朝バスの中でリュックサックからそれを
　　　　出して、自分の宿題を調べた。

女性2：そこに置き忘れたに違いないわ。運転手がそれを事務所に
　　　　持っていってくれるよ。

男性3：ああ、それなら事務所に電話してみるよ。

> 👂 **聞き取りのコツ**
>
> ❶ did と you がつながって【ディジュー】のように読まれています。
> ❷ use と it が合わさって【ユーズィッ(トゥ)】のように読まれています。
> ❸ but と I が合わさって but の t がフラップ T で【l】の音になり、【バ
> 　 ライ】のように読まれています。
> ❹ took と it、out と of が合わさって、【トゥックィッ(トゥ) アウロヴ】
> 　 のように読まれています。
> ❺ left と it が合わさって【レフティッ(トゥ)】のように読まれています。
> ❻ take と it と to が合わさって【テイキィッ(トゥ)】のように読まれ
> 　 ています。

■　質問・選択肢の訳

質問：

その少年は何をしたか。

　① 彼は授業中に辞書を調べた。

　② 彼はリュックサックを家に置き忘れた。

　③ 彼は事務所にリュックサックを持っていった。

　④ 彼はバスで辞書を使った。

- □ dictionary「辞書」
- □ backpack「リュックサック」
- □ homework「宿題」
- □ office「事務所」

- □ in class「授業中に」
- □ check「調べる」
- □ must have p.p.「〜したに違いない」

　場面設定の**高校生同士**、**授業後の話**をおさえて、質問の「その**少年は何をしたか**」を集中して聞き取ります。女性の第1発言「最後に辞書を使ったのはいつ？　授業中？」に対して、男性は第2発言で No, but I took it out of my backpack this morning in the bus to check my homework.「いや、だけど今朝バスの中でリュックサックからそれを出して、自分の宿題を調べた」と答えています。ここから、「バスで辞書を使った」とわかるので、**④が正解**です。この問題でもやはり、but の後ろには重要な情報が置かれています。

　誤りの選択肢を見ていきましょう。①は上の説明の通り、女性の「授業中に辞書を使った？」に対して、男性が No と否定しているので、正解にはなりません。②は、女性の第2発言 You must have left it there.「そこに置き忘れたに違いないわ」の it はリュックサックを指して、there はバスを指すので、正解にはなりません。③は、女性の第2発言で「運転手がそれ（辞書）を事務所に持っていってくれるよ」と言っていますが、「彼（＝少年）が事務所にリュックサックを持っていった」とは言っていないので、正解にはなりません。

問15 ⎡ 15 ⎤ 　標

▶▶ **読み上げられた英文と訳**

Question No.15

W1: How was your first week of classes?

M1: Good! I'm enjoying university here.

W2: So, are you originally from here? I mean, London?

M2: Yes, ❶but my family moved to Germany after I was born.

W3: Then, you ❷must be fluent in German.

M3: Yes. That's right.

問15

女性1：授業の最初の1週間はどうだった？

男性1：よかったです！　ここの大学を楽しんでいます。

女性2：すると、あなたはもともとここ出身なの？　つまり、ロンドン？

男性2：ええ、でも私が生まれたあとに家族がドイツに引っ越しました。

女性3：それなら、ドイツ語が流ちょうに違いないね。

男性3：ええ。その通りです。

聞き取りのコツ

❶ butのtがストップTで、【バッ（トゥ）マイファムリィ】のように読まれています。

❷ mustのtがストップTでbeと合わさり【マス（トゥ）ビィ】のように読まれています。

質問・選択肢の訳

質問：

新入生について正しいのはどれか。

　*① 彼はイングランドで育った。間違いやすい選択肢！

　② 彼はちょうどロンドンを訪れているところだ。

　③ 彼はドイツで勉強している。

　④ 彼はイギリスで生まれた。

☐ university「大学」   ☐ originally「もともと」

☐ I mean, ~「つまり、~」   ☐ fluent「流ちょうな」

☐ That's right.「その通り」

　場面設定の寮のパーティー、先輩と新入生の会話をおさえて、質問の「新入生についての情報」を集中して聞き取ります。

　女性の第2発言So, **are you originally from here? I mean, London?**「すると、あなたはもともとここ出身なの？　つまり、ロンドン？」に対して、男性は第2発言で肯定して「生まれたあとにドイツに引っ越した」と返答しています。ロンドンはthe UK(イギリス)にあるので、④が正解です。

　誤りの選択肢を見ていきましょう。①は、上で見た男性の第2発言で「私が(イギリスで)生まれたあとに家族がドイツに引っ越した」とあり、「**男性はドイツで育った**」と推測できることから、正解にはなりません。**Londonの単語が聞こえたからと言って、安易に①を選ばない**ようにしましょう。②は、男性の第1発言と女性の第2発言から、「男性はロンドンで大学生活を送っている」と推測できるので、正解にはなりません。③は、女性の第3発言「ドイツ語が流ちょうに違いない」に対して、男性が肯定していますが、「ドイツで勉強している」とは言っていないので、正解にはなりません。

問16 ☐ **16** ☐ 標

▶▶ 読み上げられた英文と訳

Question No.16

W1: How are you?

M1: Well, I have a runny nose. I always suffer from allergies in the spring.

W2: Do you have some medicine?

M2: No, ❶but I'll drop by the drugstore on my way home to get my regular allergy pills.

W3: You should leave the office early.

M3: Yes, ❷I think I'll leave now.

問16

女性1：調子はどう？

男性1：ええと、鼻水が止まらない。春はいつもアレルギーに苦しんでいる。

女性2：薬持ってるの？

男性2：いいえ、でも家に帰る途中で薬局に立ち寄って、いつものアレルギー薬を買うつもりだよ。

女性3：あなたはオフィスを早く出るべきだよ。

男性3：ええ、僕は今出ようと思う。

🎧 **聞き取りのコツ**

❶ butとI'llが合わさって【バライゥ】のように読まれています。

❷ I thinkとI'llが合わさって【アイスィンクァイゥ】のように読まれています。

▶ **質問・選択肢の訳**

質問：

男性は何をするか。

① **薬局で薬を買う**

② 家に帰る途中でクリニックに立ち寄る

③ 働き続けて薬を飲む

④ すでに持っているアレルギー薬を飲む

第**3**問

2人による対話・設問提示型問題

151

- [ ] How are you?「調子はどう？」
- [ ] suffer from「～に苦しむ」
- [ ] medicine「薬」
- [ ] drugstore「薬局」
- [ ] regular「定期的な、常用の」

- [ ] runny「鼻水の出る」
- [ ] allergy「アレルギー」
- [ ] drop by「～に立ち寄る」
- [ ] on one's way home「家に帰る途中で」
- [ ] pill「錠剤^{じょうざい}」

　場面設定は同僚同士の会話です。質問の What will the man do? から、で説明したように、会話の最後に集中して「**男性がこれから何をするか**」を聞き取ります。男性の第2発言 No, but I'll **drop by the drugstore on my way home to get my regular allergy pills**.「いいえ、でも家に帰る途中で薬局に立ち寄って、いつものアレルギー薬を買うつもりだよ」から、①**が正解**と判断できます。**本文の get my regular allergy pills** が①の **Buy some medicine** にパラフレーズ されています。また、本文の drop by the drugstore から、①の at the drugstore も正しいと判断できます。

　誤りの選択肢を見ていくと、②は **Drop by** や **on his way home** は正しいですが、**clinic が会話に出てきていない**ので、正解にはなりません。正確に drugstore を聞き取ることがポイントになります。④も男性の第2発言に反し、③は男性の第3発言に反するので正解にはなりません。

問17 　17　 標

▶▶ 読み上げられた英文と訳

Question No.17

M1: ❶What a ❷cute dog!

W1: Thanks. Do you have a pet?

M2: I'm planning to ❸get a cat.

W2: Do you want to adopt or buy one?

M3: What do you mean by 'adopt'?

W3: ❹Instead of buying one ❺at a petshop, you could give a new home to a rescued pet.

M4: That's a good idea. I'll do that!

問17

男性1：なんてかわいい犬だ！

女性1：ありがとう。ペットを飼っているの？

男性2：猫を飼うつもりだよ。

女性2：猫を引き取りたい、もしくは買いたいの？

男性3：「引き取る」ってどういう意味？

女性3：ペットショップで買うのではなくて、保護されたペットに新しい家を与えることだよ。

男性4：それはいい考えだね。そうしようと思う！

👂 **聞き取りのコツ**

❶ Whatとaが合わさって【ワラ】のように読まれています。

❷ cuteとdogが合わさってtがストップTで【キュー(トゥ)ドッグ】のように読まれています。

❸ getとaが合わさって【ゲラ】のように読まれています。

❹ Insteadとofが合わさって【インステドォブ】のように読まれています。

❺ atとaが合わさって【アラ】のように読まれています。

■ 質問・選択肢の訳

質問：

男性は何をするつもりか。

① **猫を引き取る**

② 犬を引き取る

③ 猫を買う

④ 犬を買う

- [ ] What a ~ 名詞 !「なんて〜な 名詞 なの！」   - [ ] plan to do「〜するつもりだ」

- [ ] adopt「引き取る」

- [ ] What do you mean by 〜?「〜はどういう意味？」

- [ ] instead of「〜の代わりに」   - [ ] rescue「救出する」

　場面設定の「ペットについて」と質問のWhat is the man going to do?から、**POINT 13** で説明したように、「**男性がこれから何をする予定か**」を会話の最後に集中して、聞き取ります。男性の第2発言I'm planning to get a **cat**.「猫を飼うつもりだよ」から、①と③に正解の候補を絞ります。男性が第3発言でadoptの意味を聞くと、女性が第3発言で説明しています。それに対して男性が第4発言でThat's a good idea. **I'll do that!**「それはいい考えだね。そうしようと思う！」と言っているので、①が正解と判断できます。

　＊次からは先読みのコツは、問題を解いたあとに掲載してあります。

第

3

問

2人による対話・設問提示型問題

第3問 (配点 18) **音声は1回流れます。**

第3問は**問12**から**問17**までの6問です。それぞれの問いについて，対話の場面が日本語で書かれています。対話を聞き，問いの答えとして最も適切なものを，四つの選択肢(**①~④**)のうちから一つずつ選びなさい。(問いの英文は書かれています。)

問12 女性が男性と，夏休みの予定について話をしています。

Why does the man want to drive? | 12 |

① He prefers to stop wherever he likes.
② He wants to go directly to the coast.
③ The train goes just part of the way.
④ The train is much more flexible.

問13 郵便局で，女性が質問をしています。

What will the woman do? | 13 |

① Buy the less expensive postage
② Mail the letter on Friday or later
③ Pay the higher price for postage
④ Send the letter by standard delivery

問14 男性が女性と，観たい映画について話をしています。

What did they decide to do? | 14 |

① Choose a movie next week
② Go to a comedy movie today
③ Select a movie this week
④ Watch a horror movie tonight

問15　友人同士が，先週末の出来事について話をしています。

Who did she eat lunch with?　15

① Both her brother and sister

② Everyone in her family

③ Her brother's and sister's children

④ Her two nieces and two nephews

問16　レストランで，夫婦が何を注文するか話をしています。

What is true according to the conversation?　16

① The man will order fish and pie.

② The man will order pasta and cake.

③ The woman will order fish and cake.

④ The woman will order pasta and pie.

問17　道で，男性が同僚の女性に話しかけています。

What will the man do?　17

① Go to the subway with the woman

② Help the woman with one of the bags

③ Take the bags home for the woman

④ Walk with the woman to the bus stop

（令和5年度　追・再試験）

これで第3問は終わりです。

先読みのコツを知る

第3問 (配点 18) **音声は1回流れます。**

　第3問は**問 12** から**問 17** までの6問です。それぞれの問いについて，対話の場面が日本語で書かれています。対話を聞き，問いの答えとして最も適切なものを，四つの選択肢(①〜④)のうちから一つずつ選びなさい。(問いの英文は書かれています。)

問12 女性が男性と，夏休みの予定について話をしています。

Why does the man want to drive? 12

- ① He prefers to stop wherever he likes.
- ② He wants to go directly to the coast.
- ③ The train goes just part of the way.
- ④ The train is much more flexible.

❶ Why、man、drive をチェックして「男性が車で行きたい理由」を集中して聞き取ります。

問13 郵便局で，女性が質問をしています。

What will the woman do? 13

- ① Buy the less expensive postage
- ② Mail the letter on Friday or later
- ③ Pay the higher price for postage
- ④ Send the letter by standard delivery

❷ 得点力アップの **POINT 18** の What will S do? なので、全体を聞きつつ最後に集中して「女性がこれから何をやるか」を聞き取ります。

問14 男性が女性と，観たい映画について話をしています。

What did they decide to do? 14

- ① Choose a movie next week
- ② Go to a comedy movie today
- ③ Select a movie this week
- ④ Watch a horror movie tonight

❸ they、decide to do をチェックして、「男性と女性がどの映画にしたのか」を集中して聞き取ります。

※ **1** ～ **6** の番号順にチェックしましょう。

問15　友人同士が, 先週末の出来事について話をしています。

Who did she eat lunch with?　15

① Both her brother and sister

② Everyone in her family

③ Her brother's and sister's children

④ Her two nieces and two nephews

> **4** Who、she eat lunch with をチェックして、「女性は誰とランチを食べたか」を集中して聞き取ります。

問16　レストランで, 夫婦が何を注文するか話をしています。

What is true according to the conversation?　16

① The man will order fish and pie.

② The man will order pasta and cake.

③ The woman will order fish and cake.

④ The woman will order pasta and pie.

> **5** What、true をチェックして、「注文内容」を詳細に聞き取ります。

問17　道で, 男性が同僚の女性に話しかけています。

What will the man do?　17

① Go to the subway with the woman

② Help the woman with one of the bags

③ Take the bags home for the woman

④ Walk with the woman to the bus stop

> **6** 得点力アップの **POINT 13** の What will S do? なので、会話全体を理解して、「男性がこれから何をするか」を最後に集中して聞き取ります。

（令和5年度　追・再試験）

┌─────────────────────────┐
│　　　これで第3問は終わりです。　　　│
└─────────────────────────┘

解答・解説 1

解答　問12　① 　　問13　③ 　　問14　① 　　問15　③
　　　　問16　② 　　問17　②

解説

問12　| 12 |　標

▶▶ 読み上げられた英文と訳

Question No.12

W1: Are you going somewhere this summer?

M1: Yes, I'm ❶going to drive ❷to the coast.

W2: That's quite far. ❸Why don't you take the train, instead?

M2: If I drive, I can park and go sightseeing anywhere along the way.

W3: Isn't driving more expensive?

M3: Well, maybe, but I like the flexibility.

問12

女性1：この夏どこか行く予定はあるの？

男性1：うん、海岸まで車で行く予定だよ。

女性2：それはとても遠いね。車の代わりに、電車に乗ってみたら？

男性2：もし車を運転するなら、途中のどこででも駐車して、観光ができるからね。

女性3：車で行く方が、お金がかからない？

男性3：ええと、そうかもしれないけど、融通が利くのが好きなんだ。

> 🦻 **聞き取りのコツ**
>
> ❶ to が弱形で【ゴウイン（グ）トゥドゥワイヴ】のように読まれています。
>
> ❷ to と the が短く読まれて【トゥザコウストゥ】のように読まれています。
>
> ❸ don't の t が脱落して【ワイドンニュー】のように読まれています。

質問：

男性はなぜ車で行きたいのか。

   ① **彼は好きな所にどこでも止まるのが好きだ。**

   *② 彼は海岸に直接行きたい。間違いやすい選択肢！

   ③ 電車が途中までしか行かない。

   ④ 電車の方がずっと融通が利く。

◤ 語彙リスト

☐ somewhere「どこかへ（に）」	☐ coast「海岸」	☐ quite「とても」
☐ Why don't you ～?「～してはどうですか？」		☐ instead「その代わりに」
☐ go sightseeing「観光に行く」	☐ along the way「途中で」	
☐ expensive「高価な」	☐ maybe「（応答で）たぶんね」	
☐ flexibility「柔軟さ」		

第**3**問

２人による対話・設問提示型問題

　質問の「**男性はなぜ車で行きたいのか**」をしっかりおさえておきます。男性の第2発言If I drive, I can park and go sightseeing anywhere along the way.「もし車を運転するなら、途中のどこででも駐車して、観光ができる」から①が正解と判断できます。本文のparkが①のstopに、本文のanywhere「どこでも」が①のwherever he likes「彼が好きな所にどこでも」にパラフレーズされていることを理解しましょう。

　誤りの選択肢を見ていくと、②は男性の第1発言I'm going to drive to the coast「私は**海岸まで車で行く予定だ**」とあるだけで、**車で行きたい理由としては挙げられていない**ので、正解にはなりません。③は会話中に発言されていません。④は、男性の第3発言でI like the flexibility「融通が利くのが好きなんだ」とありますが、これは車での移動に関して言われたものなので、正解にはなりません。

▶▶ 読み上げられた英文と訳

Question No.13

W1: How much ❶does it cost ❷to send this letter to London?

M1: Hmm. ❸Let me check. That's about £2 for standard delivery, ❹or about £8 for special delivery. Which do you prefer?

W2: I really ❺want it to arrive by Friday.

M2: With special delivery, it will.

W3: I'll do that then.

問13

女性1：この手紙をロンドンまで送るのにいくらかかりますか？

男性1：うーん。ちょっと調べてみます。それは通常配達でおよそ2ポンド、あるいは速達でおよそ8ポンドかかります。どちらがよいですか？

女性2：私はどうしても金曜日までに届けたいんです。

男性2：速達なら届くでしょう。

女性3：では、そうします。

聞き取りのコツ

❶ itとcostのtがストップTで【ダズウイッ(トゥ)コス(トゥ)】のように読まれています。

❷ toが弱形でsendのdが脱落して【トゥセンディス】のように読まれています。

❸ Letのtが脱落してmeと合わさって【レッミィチェック】のように読まれています。

❹ orとaboutが合わさって【オーバウ(トゥ)】のように読まれています。

❺ want、it、toが合わさって【ウォンティットゥアワイヴ】のように読まれています。

■ 質問・選択肢の訳

質問：

女性はこれから何をするか。

　① 高くない方の郵便料金を払う

＊② 手紙を金曜日以降に郵送する　間違いやすい選択肢！

　③ **より高い郵便料金を払う**

　④ 手紙を通常配達で送る

■ 語彙リスト

□ cost「(お金が)かかる」	□ send「送る」
□ standard「標準的な」	□ delivery「配達」
□ special「特別な」	□ prefer「好む」

　質問の「女性はこれから何をするか」に着目して、会話の全体を聞きつつ、最後に集中して聞き取ります。女性の第2発言「どうしても金曜日までに届けたい」に対して、男性は第2発言で「速達なら届くでしょう」と答えています。女性は第3発言で**I'll do that then.**「では、そうします」と返しているので、③が正解です。男性の第1発言That's about £2 for standard delivery, or **about £8 for special delivery**.「それは通常配達でおよそ2ポンド、あるいは**速達でおよそ8ポンド**かかります」から、③の**Pay the higher price for postage**「より高い郵便料金を払う」が「速達」を意味しているとわかるので、③が正解になります。

問14　14　標

▶▶ 読み上げられた英文と訳

Question No.14

M1: ❶Would you like to see a movie next week?

W1: Sure, but what kind of movie?

M2: I'd like to watch a horror movie.

W2: Well, I don't see one scheduled, ❷but there's a comedy

^❸currently showing.

M3: I really don't like comedies. Maybe we can check the ^❹schedule again next week.

W3: Sure, let's do that.

問14

男性1：来週映画を観に行かない？

女性1：うん、だけどどんな種類の映画？

男性2：僕はホラー映画が観たい。

女性2：ええと、ホラー映画は上映スケジュールにないけど、コメディ
　　　　が今やっているわ。

男性3：コメディは本当に好きじゃないんだ。(上映)スケジュール
　　　　を来週もう一度確認してもいいかもしれない。

女性3：ええ、そうしましょう。

🦻 **聞き取りのコツ**

❶ Wouldとyouがつながって【ウジュー】のように読まれています。

❷ butのtがストップTでthere'sを短く読んで【バッ(トゥ)ゼアズァ
　コメディ】のように読まれています。

❸ currentlyのtがストップTで【カーウェン(トゥ)リィ】のように
　読まれています。

❹ scheduleとagainが合わさって【スケジューラゲン】のように
　読まれています。

◼ 質問・選択肢の訳

質問：

彼らはどうすることに決めたか。

　① **来週、映画を選ぶ**

　② 今日、コメディ映画を観に行く

　③ 今週、映画を選ぶ

　④ 今晩、ホラー映画を観る

語彙リスト

☐ horror「恐怖」　　　　　　　☐ schedule「予定する；スケジュール」

☐ comedy「喜劇」　　　　　　　☐ currently「現在」

　質問の「彼らはどうすることに決めたか」に着目して、「映画をどうするのか」を集中して聞き取ります。男性の第3発言の「本当にコメディが好きじゃない」、Maybe **we can check the schedule again next week**.「(上映)スケジュールを来週もう一度確認してもよいかもしれない」に対して、**女性もSure, let's do that. と答えているので、①が正解です**。会話中の**check the schedule again next week** が、①の**Choose a movie next week にパラフレーズされている**のを、理解しましょう。

　誤りの選択肢を見ていくと、②は、女性の第2発言の「コメディ映画が現在上映されている」に対して、男性の第3発言「本当にコメディが好きじゃないんだ」で否定されているので、正解にはなりません。③は正解の根拠となった男性の第3発言に反します。④は女性の第2発言Well, I don't see one scheduled の one が a horror movie を指すので、正解にはなりません。

問15 ☐15☐ 　標

▶▶ **読み上げられた英文と訳**

Question No.15

M1: ❶What did you do last weekend?

W1: I took all my ❷nieces and nephews to lunch.

M2: Really? How many do you have?

W2: Well, my sister has two boys, ❸and my brother has three girls.

M3: That sounds like a nice family gathering.

W3: Yes, we had a really ❹good time together.

問15

男性1：先週末どうしてた？

女性1：姪と甥を全員ランチに連れて行ったよ。

男性2：本当？　何人いるの？

女性2：ええと、姉に息子が2人いて、兄に娘が3人いるの。

男性3：それは素敵な家族の集まりのようだね。

女性3：ええ、私たちは一緒に本当に楽しい時間を過ごしたわ。

> 🦻 **聞き取りのコツ**
>
> ❶ WhatのtがストップTで【ワッ（トゥ）ディジュードゥ】のように読まれています。
> ❷ andが弱形で【ニースィズンネフューズ】のように読まれています。
> ❸ andが弱形で【エン】のように読まれています。
> ❹ goodのdが脱落してtimeとつながり【グッタイム】のように読まれています。

▉ **質問・選択肢の訳**

質問：

彼女は誰とランチを食べたか。

　① 兄と姉の両方

　② 彼女の家族の全員

　③ 彼女の兄と姉の子どもたち

　*④ 彼女の2人の姪と2人の甥　間違いやすい選択肢！

▉ **語彙リスト**

☐ weekend「週末」	☐ niece「姪」
☐ nephew「甥」	☐ sound like「〜のように思える」
☐ gathering「集まり」	☐ have a good time「楽しい時を過ごす」

質問の「彼女は誰とランチを食べたか」に着目し、**彼女がランチを一緒に食べた相手を集中して聞き取ります**。女性の第1発言 I **took all my nieces and nephews to lunch**.「姪と甥を全員ランチに連れて行った」をまずは聞き取ります。続いて、女性の第2発言 Well, **my sister has two boys, and my brother has three girls**.「ええと、姉に息子が2人いて、兄に娘が3人いる」から、③が正解と判断できます。**niece「姪」はきょうだいの娘、nephew「甥」はきょうだいの息子を意味する**ので、③の Her brother's and sister's children が正解になります。

　誤りの選択肢を見ていくと、④は紛らわしい選択肢ですが、女性の第2発言から「甥が2人、姪が3人」とわかり、**姪の人数が合っていないので正解にはなりません**。①、②のような発言もないので、正解にはなりません。

問16　16　難

▶▶ 読み上げられた英文と訳

Question No.16

M1: **①**I think I'll have the pasta.

W1: The fish looks nice. I'll order that.

M2: What about for dessert?

W2: Both the pie and the cake look delicious.

M3: Well, **②why don't we** each order **③different ones**? Then we can share.

W3: OK, I'll order the pie **④and you can order** the cake.

M4: Sure, that's fine.

問16

男性1：パスタを食べようと思う。

女性1：魚がいいかな。それを注文するわ。

男性2：デザートはどう？

女性2：パイとケーキの両方が美味しそうだわ。

男性3：ええと、別のものをそれぞれ注文するのはどう？　それから、
　　　　シェアしよう。
女性3：了解、私がパイを頼んで、あなたがケーキを頼めばいいよね。
男性4：うん、それでいいよ。

聞き取りのコツ

❶ I think と I'll が合わさって【アイスィンカァイゥ】のように読まれ
ています。
❷ don't の t がストップ T で【ワイドン（トゥ）ウィー】のように読ま
れています。
❸ different の t がストップ T で【ディファウェン（トゥ）ワンズ】のよ
うに読まれています。
❹ and が弱形で【エン】、can も弱形で【クン】で【エンユクンオー
ダー】のように読まれています。

質問・選択肢の訳

質問：
会話によると、何が正しいか。
　① 男性が魚とパイを注文するだろう。
　② **男性がパスタとケーキを注文するだろう。**
　③ 女性が魚とケーキを注文するだろう。
*④ 女性がパスタとパイを注文するだろう。間違いやすい選択肢！

語彙リスト

☐ order「注文する」	☐ What about ～？「～はどうですか？」
☐ delicious「おいしい」	☐ Why don't we ～？「（一緒に）～しませんか？」
☐ share「共有する」	☐ That's fine.「それでいいよ」

質問のWhat is true according to the conversation?から、会話内容をしっかりと理解して、選択肢を1つずつ見ていきます。

What is true according to the conversation? の会話問題

このパターンは、**設問の先読みの意味がほとんどない形式**になります。よって、**本文をしっかり聞いて理解することに集中して**、選択肢をあとから見て判断しましょう。

問題の説明に戻ると、男性の第1発言「パスタを食べる」、女性の第1発言「魚がいいかな。それを注文するわ」を聞き取り、「**男性がパスタ、女性が魚を頼む**」と理解します。デザートに関しては、女性の第3発言OK, I'll order the pie and you can order the cake.「了解、私がパイを頼んで、あなたがケーキを頼めばいいよね」から、「**女性がパイで、男性がケーキを頼む**」とわかります。よって、**男性がパスタとケーキ、女性が魚とパイを頼むとわかるので、②が正解**です。

誤りの選択肢を見ていくと、**男性の第1発言「パスタを食べる」**をしっかりと聞き取っていれば、①、④は正解ではないと判断できます。続いて、女性の第3発言「私がパイを頼む」から、「女性はパイを注文する」とわかるので、③も正解ではないとわかります。

問17 　17　 やや難

▶▶ 読み上げられた英文と訳

Question No.17

M1: Hi, Monica, ❶would you like some help?

W1: Ah, thank you. ❷Could you take ❸one of these bags?

M2: Sure, are you going to the subway?

W2: No, I'm going to take them home in my car. I've parked ❹just around the corner.

M3: That's fine. Actually, it's on my way. That's ❺just before my

⁶bus stop.

問17

男性1：こんにちは、モニカ、お手伝いしようか？

女性1：ああ、ありがとう。これらのバッグの1つを持ってくれる？

男性2：もちろん、あなたは地下鉄まで行くところ？

女性2：いいえ、私は車でその荷物を家まで持っていくつもりだよ。ちょうどすぐそばに車を停めているの。

男性3：了解。実は、僕の帰り道なんだ。そこは、ちょうど僕のバス停の前だ。

> 🎧 **聞き取りのコツ**
>
> ❶ wouldとyouが合わさって【**ウジュー**】のように読まれています。
> ❷ Couldとyouが合わさって【**クジュー**】のように読まれています。
> ❸ ofが弱形で【**ワノヴズィーズバッグズ**】のように読まれています。
> ❹、❺ justのtがストップTでそれぞれ【**ジャス(トゥ)アワウン(ドゥ)ザコーナー**】、【**ジャス(トゥ)ビフォー**】のように読まれています。
> ❻ busとstopが合わさって【**バスタップ**】のように読まれています。

■ 質問・選択肢の訳

質問：

男性はこれから何をするか。

　① 女性と地下鉄に行く

　② **女性のバッグの1つを運ぶのを手伝う**

*③ 女性のためにバッグを家に持っていく 間違いやすい選択肢！

　④ バス停まで女性と歩く

☐ subway「地下鉄」	☐ just around the corner「すぐそこに」
☐ actually「実は」	☐ on one's way「途中で」

　質問の「男性はこれから何をするか」から、全体を理解しつつ、会話の最後の方の男性の発言を集中して聞き取ります。女性が第1発言で「バッグの1つを持ってくれる？」と頼み、**男性が快諾**していることを理解します。続いて、男性が第2発言で「あなたは地下鉄まで行くところ？」と尋ねて、女性が第2発言で「いいえ、私は**車でその荷物を家まで持っていくつもりだよ。ちょうどすぐそばに車を停めているの」と答えます。それに対して、男性が「了解。実は、僕の帰り道なんだ」と返していることから、**男性は車まで荷物を運ぶのを手伝う**とわかるので、**②が正解**です。

　誤りの選択肢を見ていくと、①は男性の第2発言「あなたは地下鉄まで行くところ？」に対して、女性は否定しているので正解にはなりません。③は、先ほど説明したように、**男性は車まで荷物を運ぶのを手伝う**だけなので、正解にはなりません。④も、男性と女性は、**女性の車まで一緒に歩く**ので、正解にはなりません。

第3問 （配点 18） 音声は1回流れます。

　第3問は**問12**から**問17**までの6問です。それぞれの問いについて，対話の場面が日本語で書かれています。対話を聞き，問いの答えとして最も適切なものを，四つの選択肢（**①~④**）のうちから一つずつ選びなさい。（問いの英文は書かれています。）

問12　道で，男性が女性に話しかけています。

　Which is true according to the conversation? 　12

　① The man doesn't have a good research topic.
　② The man wants to get rid of his stress.
　③ The woman doesn't have time for the interview.
　④ The woman thinks the man is very busy.

問13　姉が弟と，いつ両親に会いに行くかについて話をしています。

　What will the woman probably do next weekend? 　13

　① Meet her brother and father on Saturday
　② Meet her brother and mother on Sunday
　③ Meet her mother and father on Saturday
　④ Meet her mother and father on Sunday

問14　友人同士が，アルバイトについて話をしています。

　How many days does the woman work in a week? 　14

　① 2 days
　② 3 days
　③ 5 days
　④ 7 days

問15 公園から帰った後で，姉と弟が話をしています。

What did the boy do? | 15 |

① He left the park immediately.

② He looked for his sister in the park.

③ He talked to his sister on the phone.

④ He went home with his sister.

問16 オフィスで，男性が女性と話をしています。

What do the man and the woman decide to do? | 16 |

① Get away from the station

② Go out for Italian food

③ Have Japanese food nearby

④ Stay close to the office

問17 学校で，友人同士が話をしています。

Which is true about the girl? | 17 |

① She rode the same train as the boy.

② She saw the boy alone at the station.

③ She talked to the boy on the train.

④ She took the boy to the station.

(令和4年度　追・再試験)

これで第３問は終わりです。

きめる! KIMERU SERIES　先読みのコツを知る

第3問 （配点 18）　**音声は1回流れます。**

第3問は問12から問17までの6問です。それぞれの問いについて，対話の場面が日本語で書かれています。対話を聞き，問いの答えとして最も適切なものを，四つの選択肢（①〜④）のうちから一つずつ選びなさい。（問いの英文は書かれています。）

問12　道で，男性が女性に話しかけています。

Which is true according to the conversation?　12

① The man doesn't have a good research topic.
② The man wants to get rid of his stress.
③ The woman doesn't have time for the interview.
④ The woman thinks the man is very busy.

> ❶ Which is true 〜？は **得点力アップの POINT 20** で説明したように、会話全体を集中して聞き取ります。

問13　姉が弟と，いつ両親に会いに行くかについて話をしています。

What will the woman probably do next weekend?　13

① Meet her brother and father on Saturday
② Meet her brother and mother on Sunday
③ Meet her mother and father on Saturday
④ Meet her mother and father on Sunday

> ❷ the woman、next weekendをチェックして、会話全体を理解しつつ、「姉が来週末に何をやるか」を集中して聞き取ります。

問14　友人同士が，アルバイトについて話をしています。

How many days does the woman work in a week?　14

① 2 days
② 3 days
③ 5 days
④ 7 days

> ❸ How many days、the woman work、a weekをチェックして、会話全体を理解しつつ、「女性が週に何日働いているか」を集中して聞き取ります。

※ ①～⑥ の番号順にチェックしましょう。

問15 公園から帰った後で，姉と弟が話をしています。

What did the boy do? 15

① He left the park immediately.
② He looked for his sister in the park.
③ He talked to his sister on the phone.
④ He went home with his sister.

④ did、boy をチェックして、会話全体を理解しつつ、「弟が何をしたか」を集中して聞き取ります。

問16 オフィスで，男性が女性と話をしています。

What do the man and the woman decide to do? 16

① Get away from the station
② Go out for Italian food
③ Have Japanese food nearby
④ Stay close to the office

⑤ the man and the woman をチェックして、会話全体を理解しつつ、「男女が何をすることに決めるのか」を集中して聞き取ります。

問17 学校で，友人同士が話をしています。

Which is true about the girl? 17

① She rode the same train as the boy.
② She saw the boy alone at the station.
③ She talked to the boy on the train.
④ She took the boy to the station.

⑥ girl をチェックします。Which is true ～? は 得点力アップの POINT20 と同じパターンなので、会話全体をしっかりと理解することに集中します。

（令和4年度　追・再試験）

これで第3問は終わりです。

解答・解説 2

解答　問12　③　　問13　③　　問14　③　　問15　②
　　　　　問16　②　　問17　①

解説

問12　[12]　（易）

▶▶　読み上げられた英文と訳

Question No.12

M1: Excuse me. Do you have time for a short interview?

W1: ❶What's it about?

M2: We're doing research on how people deal with stress.

W2: That's interesting! I'm really busy, but I can spare ❷a couple of minutes. ❸How long will it take?

M3: It should take about 10 minutes.

W3: Oh, sorry.

問12

男性1：すみません。ちょっとしたインタビューのお時間はありますか？

女性1：何に関してですか？

男性2：私たちは、ストレスの対処法に関する調査をしています。

女性2：それは面白い！　私は本当に忙しいけど、数分割くことはできます。どれくらいかかりますか？

男性3：10分くらいでしょう。

女性3：ああ、ごめんなさい。

聞き取りのコツ

❶ What'sとitがつながってitのtが【l】の音になり【ワッツィラバウ（トゥ）】のように読まれています。

❷ a、couple、ofが合わさってofが弱形になり【アカプラ ミニッツ】のように読まれています。

❸ will が【ウォウ】で it とつながり、it と take もつながって【ハウ
ロン(グ)ウォウイッテイク】のように読まれています。

■ 質問・選択肢の訳

質問:

その会話によると、正しいのはどれか。

① 男性は、しっかりした調査テーマを持っていない。

② 男性は、自分のストレスを取り除きたい。

③ **女性にはインタビューの時間がない。**

④ 女性は、男性がとても忙しいと思う。

■ 語彙リスト

☐ interview「インタビュー」	☐ What is S about?「Sは何に関することか?」
☐ research「調査」	☐ deal with「〜に対処する」
☐ spare「割く」	☐ a couple of「2, 3の〜」

　質問は **得点力アップの POINT 20** の What is true 〜?と同じパターンなので、会
話の全文を集中して聞き取ります。男性は第1発言で「ちょっとし
たインタビューをしたい」と言い、第2発言で「ストレスの対処法
に関する調査をしている」と言っています。女性は第2発言で興味
を示して、「どれくらい(の時間が)かかりますか?」と尋ねています。
男性が第3発言で「10分くらい」と答えたのに対して、女性は最
後の発言で Oh, sorry.「ああ、ごめんなさい」と言っているので、
女性はインタビューを受けないことがわかります。よって、③が正
解になります。

　誤りの選択肢を見ていくと、①は男性が第2発言で「ストレスの
対処法に関する調査をしている」と言い、女性が第2発言で「面白い」
とほめているので、「しっかりした調査テーマがない」とは言えま

せん。②も、上で説明した通り、「ストレスの対処法に関する調査」と言っているだけで、自分のストレスには言及していません。④は、女性が第2発言で「私は忙しい」と言っているだけなので、正解にはなりません。

女性の第2発言の **a couple of** の発音が特徴的なので、整理します。

得点力アップの POINT 21　3語がひとカタマリで発音される表現

3語からなる英語表現で、ひとカタマリで発音されるものがあるので、整理します。

3語をひとカタマリで読む表現	発音の目安
a couple of「2、3の〜」	【ァカプラ】
a lot of「たくさんの〜」	【ァララ】
a kind of「一種の〜」	【ァカインナ】

いずれの表現も、ofが弱形で【ァ】のような音になっているので、a couple ofはcoupleとofがつながって【ァカプラ】、a lot ofはlotのtが【l】に近い音になり【ァララ】、a kind ofはkindのdが脱落して【ァカインナ】となるので、おさえておきましょう。

問13 　13　標

▶▶ **読み上げられた英文と訳**

Question No.13

W1: ❶Let's all get together next weekend.

M1: Sure! I'm busy on Saturday, but Sunday would be fine. How about ❷Mom and Dad?

W2: Mom says either day is OK, but ❸Dad is only free on Saturday.

M2: I see …. ❹Why don't you go ahead ❺without me? I'll come next time!

W3: Oh well, OK.

問13

女性1：来週末全員で集まりましょう。

男性1：いいよ！　僕は、土曜日は忙しいけど、日曜日なら大丈夫だと思う。お母さんとお父さんは？

女性2：お母さんは、どちらでもいいと言っているけど、お父さんが土曜日しか空いていない。

男性2：わかった…。僕なしで進めたらどう？　次の機会に行くよ。

女性3：まあ、そうねえ、わかったわ。

聞き取りのコツ

❶ Let'sとallが合わさって、さらにgetとtogetherがつながって【レッツォーゥゲットゥギャザ】のように読まれています。

❷ andが弱形で【マムンダッドゥ】のように読まれています。

❸ Dadとisがつながって【ダッディズ】のように読まれています。

❹ don'tのtとyouが合わさって【ワイドンチュー】のように読まれています。

❺ withoutのtがストップTで【ウィザウ（トゥ）ミィ】のように読まれています。

■ 質問・選択肢の訳

質問：

女性は来週末、おそらく何をするか。

*① 彼女の弟と父に土曜日に会う　間違いやすい選択肢！

② 彼女の弟と母に日曜日に会う

③ 彼女の母と父に土曜日に会う

④ 彼女の母と父に日曜日に会う

2人による対話・設問提示型問題

☐ get together「集まる」	☐ weekend「週末」
☐ How about ～?「～はどうか?」	☐ either「どちらの～でも」
☐ Why don't you ～?「～してはどうか?」	☐ go ahead「先へ進む」

　質問の「女性は来週末、おそらく何をするか」に着目して、会話全体を聞きつつ、女性の予定を集中して聞き取ります。女性の第1発言の「来週末全員で集まりましょう」という提案と男性の第1発言の「土曜日は忙しいけど、日曜日なら大丈夫」という内容を聞き取ります。女性の第2発言の「母はどちらでもいいけど、父は土曜日しか空いていない」も聞き取ります。男性の第2発言 Why don't you go ahead without me?「僕なしで進めたらどう?」に対して、女性がOKと承諾しているので、「男性なしで、女性と父親、母親で土曜日に集まる」とわかります。よって、正解は③になります。

　誤りの選択肢を見ていくと、①は「土曜日」は正しいですが、「弟」は参加できないので、正解にはなりません。②、④は「日曜日」は父親が空いていないことが、女性の第2発言からわかるので、正解にはなりません。かつ、②は男性の第2発言の「僕(男性)なしで進める」という提案にも反するので、正解にはなりません。

問14 ⬜14 （易）

▶▶ 読み上げられた英文と訳

Question No.14

M1: ❶I didn't know you were working at the convenience store.

W1: Yes, I ❷used to work ❸there every day, but now just three times a week, on weekdays.

M2: Are you working ❹anywhere else ❺besides that?

W2: Yes, at the café near the station, two days, every weekend.

M3: Wow! You're working a lot!

問14

男性1：君がコンビニで働いているのを知らなかった。

女性1：ええ、以前はそこで毎日働いていたけど、今は平日の週に 3回だけ働いているの。

男性2：コンビニに加えて、他のどこかで働いているの？

女性2：ええ、駅の近くのカフェで、毎週末2日働いてるよ。

男性3：へえ！　君はたくさん働いてるね！

⑤ 聞き取りのコツ

❶ didn'tのtが脱落して【アイディドゥンノウ】のように読まれています。

❷ usedのdが脱落してtoの弱形と合わさって【ユーストゥワーク】 のように読まれています。

❸ thereとeveryが合わさって【ゼァレブウィデイ】のように読ま れています。

❹ anywhereとelseが合わさって【エニウェアエゥス】のように読 まれています。

❺ besidesとthatがつながって【ビサイズァットゥ】のように読ま れています。

◼ 質問・選択肢の訳

質問：

その女性は週に何日働いているか。

① 2日

② 3日

③ 5日

④ 7日

◼ 語彙リスト

☐ convenience store「コンビニエンスストア」　　☐ used to do「以前は〜した」

☐ besides「〜に加えて」

質問の「その女性は週に何日働いているか」に着目して、「**女性の労働日数**」を集中して聞き取ります。女性の第1発言 Yes, I **used to work** there every day, **but now** just three times a week, on weekdays. 「ええ、以前はそこで毎日働いていたけど、今は平日の週に3回だけ働いているの」から、「女性はコンビニエンスストアで**週に3回働いている**」ことを理解します。**時の対比**が使われている構文なので、整理します。

得点力アップの POINT 22　**時の対比の目印になる表現**

　リーディングと同様に、リスニングでもこの表現が使われたら**時の対比の目印**になるので、おさえておきましょう。

時の対比の目印になる表現
in the past 「その昔」／ used to do 「以前は～だった(今は違う)」
now 「現在では」／ currently 「現在は」 nowadays 「今日では(昔と違って)」

　問題の解説に戻ると、男性の第2発言「他のどこかで働いているの?」に対して、女性は第2発言で Yes, at the café near the station, **two days, every weekend**. 「ええ、駅の近くのカフェで、毎週末2日働いてるよ」と答えていることから、平日の3日間コンビニで働き、週末の2日間駅の近くのカフェで働いていることがわかります。1週間に合計5日間働いているので、③が正解になります。

問15　15　標

▶▶ 読み上げられた英文と訳

Question No.15

W1: What happened? Where ❶did you go?

M1: I got lost and ended up in the rose garden.

W2: So, you ❷decided to come straight home then?

M2: Well, no. First, I ❸tried to ❹find you.

W3: ❺Why didn't you call me?

M3: I didn't have my phone. ❻But I was OK. The flowers were nice.

問15

女性1：どうしたの？　どこに行ってたの？

男性1：道に迷って、結局バラ園にいたよ。

女性2：それから、まっすぐ家に帰ることにしたの？

男性2：ええと、違う。最初に、姉さんを見つけようとした。

女性3：なぜ私に電話しなかったの？

男性3：電話を持っていなかったんだ。けど、大丈夫だった。花はきれいだったよ。

🔊 **聞き取りのコツ**

❶ did と you が合わさって【ディジュー】のように読まれています。

❷ decided の ed が脱落して to と合わさって【デサイディットゥカム】のように読まれています。

❸ tried の ed が脱落して to と合わさって【トゥワイトゥ】のように読まれています。

❹ find と you が合わさって【ファインジュー】のように読まれています。

❺ didn't の t が脱落して【ワイディドゥンユー】のように読まれています。

❻ But の t が【l】に似た音になり l とつながって【バライ】のように読まれています。

◼ **質問・選択肢の訳**

質問：

その少年は何をしたか。

① 彼はすぐにその公園を出た。

② 彼は公園で姉を探した。

③ 彼は電話で姉と話した。

④ 彼は姉と帰宅した。

□ get lost 「道に迷う」	□ end up 「結局～にいることになる」
□ rose 「バラ」	□ straight 「まっすぐ」

　質問の「その少年は何をしたか」から、**少年の行動**に注意して聞き取ります。男性の声が少年に相当します。男性の第1発言で「**道に迷って、結局バラ園にいた**」とわかります。女性の第2発言「まっすぐ家に帰ることにしたの？」に対して、男性は第2発言で否定して、「**あなた(姉)を見つけようとした**」と言っています。よって、**②が正解**になります。

　誤りの選択肢を見ていくと、女性の第3発言 Why didn't you call me? 「なぜ私に電話しなかったの？」に対して、男性の最後の発言で「電話を持っていなかった」と言っているので、③は正解にはなりません。①、④は、女性の第2発言「まっすぐ家に帰ることにしたの？」を男性は第2発言で否定しているので、正解にはなりません。

問16　 16 　やや難

▶▶ 読み上げられた英文と訳

Question No.16

M1: ❶Do you want to ❷eat dinner after work?

W1: I guess so, but where? The sushi place across from the office?

M2: ❸Not there again! Let's ❹get away from the office.

W2: OK... ❺what about the Italian restaurant near the station, then?

M3: That's far!

W3: ❻Is it? ❼It's on your way home!

M4: Yeah, OK.

問16

男性1：仕事のあとに夕食はどう？

女性1：そうね、でもどこで？　オフィスの向かい側の寿司屋？

男性2：またそこは嫌だな！　オフィスから離れた所に行こう。

女性2：了解…、それなら駅の近くのイタリアンレストランはどう？

男性3：それは遠いよ！

女性3：そう？　あなたの家への帰り道だよ！

男性4：わかった、了解。

聞き取りのコツ

❶ Do と you が合わさって【デュー】のように読まれています。

❷ eat の t がストップ T で dinner とつながって【イー（トゥ）ディナー】のように読まれています。

❸ Not の t が脱落して there、again と連続してつながり【ナッゼァラゲン】のように読まれています。

❹ get の t が【l】になり away と合わさって【ゲラウェイ】のように読まれています。

❺ what の t が【l】になり【ワラバウトゥ】のように読まれています。

❻ Is と it がつながり t がストップ T なので【イズィッ（トゥ）】のように読まれています。

❼ It's と on、your がつながり【イッツォンニョア】のように読まれています。

■ 質問・選択肢の訳

質問：

男性と女性は何をすることに決めるか。

① 駅から離れる

② **イタリア料理を食べに行く**

③ 近くで和食を食べる

④ オフィスの近くにいる

　質問が「男性と女性は何をすることに決めるか」なので、会話全体を理解しつつ、**最後の決断**を集中して聞き取ります。男性は第1発言で女性を仕事後の夕食に誘い、女性は寿司屋を提案しますが、男性に「またそこは嫌だ」と断られてしまいます。続いてLet's get away from the office.「オフィスから離れた所に行こう」という男性の発言に対して、**女性は駅近くのイタリアンレストランを提案**しています。**男性の「遠い」という意見に対して、女性が「あなたの家への帰り道だよ!」と返して、男性が納得**しています。よって、**②が正解**になります。

　誤りの選択肢を見ていくと、男性が第2発言で「オフィスから離れた所に行こう」と言っていますが、①のように「駅から離れよう」と言っているわけではないので、①は正解にはなりません。女性の第1発言、男性の第2発言から、寿司屋 (＝和食) にもう一度行くことを男性が嫌がっているので、③も正解にはなりません。男性が第2発言でオフィスから離れた所に行くことを提案し、女性がそれに対してOKと承諾しているので、④も正解にはなりません。**最後まで辛抱強く会話を聞いたうえで、解答することが重要**です。

問17　| 17 |　　(標)

▶▶ **読み上げられた英文と訳**

Question No.17

W1: You took the 7:30 train this morning, right?

M1: Yes. ❶Did you see me at the station?

W2: No, I ❷saw you on the train. I took that train, too.

M2: ❸Why didn't you say hello?

W3: ❹Weren't you talking with somebody?

M3: No, I was alone.

W4: Really? That ❺must've been someone else, then.

問17

女性1：今朝、7時半の電車に乗っていたよね？

男性1：うん。僕を駅で見たの？

女性2：いいや、電車であなたを見たんだ。その電車に私も乗って
　　　　いた。

男性2：なんであいさつしてくれなかったの？

女性3：誰かと話していなかった？

男性3：いいや、1人だったよ。

女性4：本当？　それなら、他の誰かだったに違いないね。

🎧 **聞き取りのコツ**

❶ Didとyouが合わさって【ディジュー】のように読まれています。

❷ sawとyouが合わさって【ソウュー】のように読まれています。

❸ didn'tのtがyouと合わさって【ワイディドゥンチュー】のように
読まれています。

❹ Weren'tのtがyouとつながって【ワーンチュー】のように読ま
れています。

❺ must'veとbeenが合わさって【マストゥヴィン】のように読まれ
ています。

🚩 **質問・選択肢の訳**

質問：

その女の子について正しいのはどれか。

① 彼女はその男の子と同じ電車に乗っていた。

② 彼女は駅でその男の子が1人でいるのを見た。

③ 彼女は電車でその男の子と話した。

④ 彼女はその男の子を駅に連れていった。

☐ say hello「あいさつする」	☐ must have p.p.「〜だったに違いない」

　質問の「その女の子について正しいのはどれか」から、全体を理解しつつ、**女の子に関する情報**を集中して聞き取ります。女の子は第1発言で「今朝、7時半の電車に乗っていたよね？」と男の子に聞いており、男の子はYesと答えています。女の子の第2発言No, I saw you on the train. I took that train, too.「いいや、電車であなたを見たんだ。**その電車に私も乗っていた**」から、「女の子が男の子と同じ電車に乗った」とわかります。よって、①が正解になります。

　誤りの選択肢を見ていくと、**男の子の第1発言Did you see me at the station?「僕を駅で見たの？」**に対して、女の子はNoと言っているので、②は正解にはなりません。続いて、男の子の第2発言「なんであいさつしてくれなかったの？」から、男の子と女の子は会話をしなかったとわかるので、③も正解にはなりません。④のような話は出ていないので、これも正解にはなりません。

　会話の最後でmust've beenが登場したので、説明します。

得点力アップの POINT 23　助動詞 + have p.p. の発音

　助動詞＋ have p.p.は、**助動詞とhaveがつながって発音される**ので、注意しましょう。

助動詞の表現と発音		意味
must've been	【マストゥヴィン】	「〜だったに違いない」
may've been	【メイヴィン】	「〜だったかもしれない」
might've been	【マイトゥヴィン】	
could've been	【クドゥヴィン】	
should've p.p.	【シュドゥヴ】	「〜すべきだったのに」

第 **4** 問

１人による説明文・図表との照合問題
１人による説明文・条件把握問題

A問題　ここできめる！

● 図表に関わる内容のメモ取りが重要‼

B問題　ここで**き**きめる！

● 聞き取った内容を、表に〇・✕・△で記入する‼

ここが問われる！ 話の内容から、図表の項目・条件を特定する問題が出題！！

ここで きめる！
- A は図表に関わる内容のメモ取りが重要‼
- B は聞き取った内容を、表に〇・×・△で記入する‼

第4問の配点を教えてください。

　第4問はA問題とB問題からなり、それぞれ5問、1問の合計で6問です。**配点は、Aが問18～21まですべて正解で4点、問22～25が各1点で計8点になります。Bが1問4点になります。第4問でリスニング全体の100点中12点**になります。

第4問では、どんな力が必要とされますか？

　A問題では、**音声から図表の内容を理解する力**が必要とされます。B問題では、**各条件に合うか合わないかを、音声から聞き取り、メモを取る力が必要**になります。

第4問で高得点を取るには、どうしたらよいですか？

　まずは、**問題形式の理解が重要**です。**グラフ特有の表現を覚えることも重要**です。音声から、その内容を図表に落とし込んで理解する作業が必要になります。特に**B問題では、〇、×、△といった**

メモを取ることで、解答の精度を高めていきます。

第 4 問 の ま と め

- 第4問はＡ問題が、話を聞きそこから聞き取れる情報から図表の項目を特定する問題で、Ｂ問題が、話を聞きＡ～Ｃの条件を最も満たすものを選ぶ問題。
- 配点はリスニング全体の**100点中12点**。
- Ａ問題では、**音声から図表の内容を理解する力**が必要で、Ｂ問題では、**各条件に合うか合わないかを、音声から聞き取り、メモを取る力**が必要。
- グラフ特有の表現を覚えることと、音声を聞きながらメモを取る力が重要。

A問題 | **1人による説明文・図表との照合問題**

STEP 1 先読みのコツを知る

第 4 問 (配点 12) <u>音声は 1 回流れます。</u>

① 仕事を選ぶ際の要因の話と理解します。

第 4 問は **A** と **B** の二つの部分に分かれています。

A 　第 4 問 **A** は問 18 から問 25 までの 8 問です。話を聞き，それぞれの問いの答えとして最も適切なものを，選択肢から選びなさい。<u>問題文と図表を読む時間が与えられた後，音声が流れます。</u>

問18〜21 　あなたは，大学の授業で配られたワークシートのグラフを完成させようとしています。先生の説明を聞き，四つの空欄 | 18 | 〜 | 21 | に入れるのに最も適切なものを，四つの選択肢（① 〜 ④）のうちから一つずつ選びなさい。

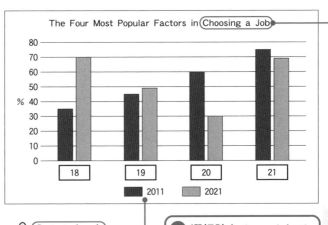

The Four Most Popular Factors in Choosing a Job

② 選択肢をチェックして、2011年と2021年の比較と理解します。

① Content of work
② Income
③ Location
④ Working hours

※番号の順に従って、チェックしましょう。

❶ ゲームの国際大会の結果と賞品の話と理解します。

問22～25 あなたは、自宅のパソコンから、ゲームの国際大会にオンラインで参加しています。結果と賞品に関する主催者の話を聞き、次の表の四つの空欄 22 ～ 25 に入れるのに最も適切なものを、六つの選択肢（①～⑥）のうちから一つずつ選びなさい。選択肢は2回以上使ってもかまいません。

International Game Competition: Summary of the Results

Teams	Stage A	Stage B	Final Rank	Prize
Dark Dragons	3rd	3rd	4th	22
Elegant Eagles	1st	2nd	1st	23
Shocking Sharks	4th	1st	2nd	24
Warrior Wolves	2nd	4th	3rd	25

❷ 各チームの賞品が問われていると理解します。

① Game
② Medal
③ Trophy
④ Game, Medal
⑤ Game, Trophy
⑥ Medal, Trophy

❸ 賞品に当たる選択肢に軽く目を通します。

（令和5年度　本試験）

これで第4問Aは終わりです。

＊それでは、次のページから自分で先読みをして、実際に問題を解いてみよう！

第4問 (配点 12) 音声は1回流れます。

第4問はAとBの二つの部分に分かれています。

A 第4問Aは問18から問25までの8問です。話を聞き，それぞれの問いの答えとして最も適切なものを，選択肢から選びなさい。**問題文と図表を読む時間が与えられた後，音声が流れます。**

問18~21 あなたは，大学の授業で配られたワークシートのグラフを完成させようとしています。先生の説明を聞き，四つの空欄 18 ~ 21 に入れるのに最も適切なものを，四つの選択肢 (①~④) のうちから一つずつ選びなさい。

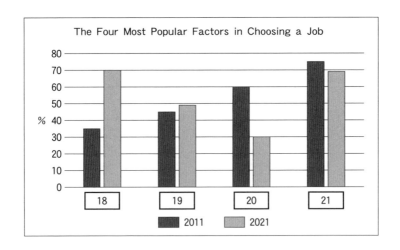

The Four Most Popular Factors in Choosing a Job

① Content of work

② Income

③ Location

④ Working hours

問22～25　あなたは，自宅のパソコンから，ゲームの国際大会にオンラインで参加しています。結果と賞品に関する主催者の話を聞き，次の表の四つの空欄 22 ～ 25 に入れるのに最も適切なものを，六つの選択肢 (① ～ ⑥) のうちから一つずつ選びなさい。選択肢は 2 回以上使ってもかまいません。

International Game Competition: Summary of the Results

Teams	Stage A	Stage B	Final Rank	Prize
Dark Dragons	3rd	3rd	4th	22
Elegant Eagles	1st	2nd	1st	23
Shocking Sharks	4th	1st	2nd	24
Warrior Wolves	2nd	4th	3rd	25

① Game
② Medal
③ Trophy
④ Game, Medal
⑤ Game, Trophy
⑥ Medal, Trophy

（令和5年度　本試験）

これで第4問Aは終わりです。

解答 問18 ① 問19 ④ 問20 ③ 問21 ②
問22 ① 問23 ⑥ 問24 ② 問25 ①

解説

問18〜21 **18** 〜 **21** （易）

▶▶ 読み上げられた英文とグラフ・選択肢の訳

Questions No.18 to 21

❶Each year we **❷**survey our graduating students on why they **❸**chose their future jobs. We compared the results for **❹**2011 and 2021. The four most popular factors were "content of work," "income," "location," and "working hours." The graph **❺**shows that "content of work" increased the most. "Income" decreased a little in 2021 compared with 2011. Although "location" was the second most chosen answer in 2011, **❻**it dropped significantly in 2021. Finally, "working hours" was chosen slightly more by graduates in 2021.

問18〜21

　毎年私たちは、卒業生がなぜこれから就く仕事を選んだのかに関して、調査をしている。私たちは2011年と2021年の結果を比較した。最もよくあがる4つの要因は、「仕事内容」、「収入」、「場所」、そして「労働時間」だ。そのグラフは、「仕事内容」が最も上がったことを示す。「収入」は2011年と比べると、2021年では少し下がった。「場所」は2011年には2番目に多く選ばれた答えだったけれども、2021年には著しく下降した。最後に、「労働時間」は2021年の卒業生にわずかに多く選ばれた。

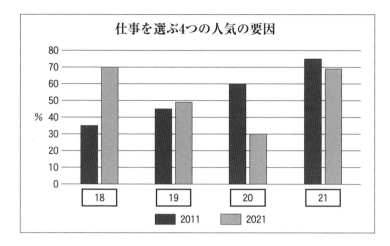

仕事を選ぶ4つの人気の要因

① 仕事内容
② 収入
③ 場所
④ 労働時間

聞き取りのコツ

❶ Eachとyearがつながって【イーチィャー】のように読まれています。

❷ surveyとourが合わさって【サーヴェイァー】のように読まれています。

❸ choseとtheirがつながって【チョウゼア】のように読まれています。

❹ andが弱形で【トゥウェンティイレヴン エン トゥウェンティトゥウェンティワン】のように読まれています。

❺ thatが弱形で【ザッ(トゥ)】になり、showsとつながって【ショウザッ(トゥ)】のように読まれています。

❻ itとdroppedがつながり【イッ(トゥ)ドゥウォップトゥ】のように読まれています。

☐ survey「調査する」	☐ graduating students「卒業生」
☐ choose「選ぶ」	☐ compare「比較する」
☐ result「結果」	☐ factor「要因」
☐ content「内容」	☐ income「収入」
☐ location「場所」	☐ decrease「減少する」
☐ compared with「〜と比べると」	☐ significantly「著しく」
☐ finally「最後に」	☐ slightly「わずかに」

　発話の第2文から、グラフが2011年と2021年の結果の比較とわかります。第4文から「仕事内容」が最も上がったとわかるので、左のグラフから右のグラフに一番伸びている 18 に①が入るとわかります。第5文 "Income" decreased a little in 2021 compared with 2011.「『収入』は2011年と比べると2021年では少し下がった」から、左のグラフより右のグラフが少し下がっている 21 に②が入るとわかります。

　第6文 Although "location" was the second most chosen answer in 2011, it dropped significantly in 2021.「『場所』は2011年には2番目に多く選ばれた答えだったけれども、2021年には著しく下降した」から、左のグラフから右のグラフに一番下がっている 20 に③が入るとわかります。

　残りは消去法で、④が 19 に入るとわかりますが、根拠を示して解説します。最終文 Finally, "working hours" was chosen slightly more by graduates in 2021.「最後に、『労働時間』は2021年の卒業生にわずかに多く選ばれた」から、左のグラフから右のグラフが少し増えている 19 に④が入るとわかります。

　図表問題で頻出の表現とメモの取り方を知っておくと、リスニン

グの理解に役立つので、整理します。

POINT 24 図表問題で頻出の表現と
メモ取りの技術　その2

		英語表現	メモの取り方
①	増加	increase ／ rise ／ be on the rise「増える」	↗
②	減少	decrease ／ decline ／ fall ／ drop「減少する」	↘
③	程度	dramatically「劇的に」／ significantly「著しく」gradually「徐々に」／ slightly「わずかに」	／
④	一定	remain the same「同じままだ」／ stable「安定した」	→

　本問で登場した4桁の数字は、2種類の読みかたがあるので、整理します。

POINT 25 4桁の数字の読み上げパターン

　4桁の数字は2種類の読みかたのパターンがあるので、注意が必要です。**1つ目がオーソドックスな読みかたで、千の位、百の位、十の位、一の位と読んでいきます。**例えば、2220は、two thousand two hundred twenty と読みます。**2つ目が半分に分けて、それぞれを2桁の数とみなして読む方法です。**2220なら、twenty-two twenty と読むので、2通りの読みかたをおさえておきましょう。

問22〜25

▶▶　読み上げられた英文と表・選択肢の訳

Questions No.22 to 25

We are ❶delighted to announce the prizes! Please ❷look at the summary of the results ❸on your screen. First, the top team in Stage A will be awarded medals. The top team in Stage B will also receive medals. Next, the team ❹that got the highest final rank will win the champion's trophies. Team members ❺not

winning any medals or trophies will receive a game ⑥from our
online store. The prizes will be ⑦sent to everyone next week.

問22〜25

　賞品を発表できることをうれしく思います！　画面の結果のまと
めをご覧ください。初めに、ステージAの1位はメダルが授与され
ます。ステージBの1位もメダルが授与されます。次に、最終順位
で1位だったチームには、優勝トロフィーが授与されます。メダル
やトロフィーを獲得していないチームメンバーは、私たちのオンラ
インストアからゲームをもらえます。賞品は、来週全員に送られる
予定です。

国際ゲーム大会：結果のまとめ

チーム	ステージA	ステージB	最終順位	賞品
ダークドラゴンズ	3位	3位	4位	22
エレガントイーグルズ	1位	2位	1位	23
ショッキングシャークス	4位	1位	2位	24
ウォリアーウルブズ	2位	4位	3位	25

① ゲーム
② メダル
③ トロフィー
④ ゲーム、メダル
⑤ ゲーム、トロフィー
⑥ メダル、トロフィー

📕 語彙リスト

□ be delighted to do「〜してうれしい」	□ announce「公表する」
□ prize「賞」	□ summary「要約」
□ screen「画面」	□ award「授与する」
□ receive「受け取る」	□ rank「順位」

問22　22　難／問23　23　標

問24　24　標／問25　25　難

　第3文 First, the top team in Stage A will be awarded medals.「初めに、ステージＡの1位はメダルが授与されます」から、表でステージＡの1位に当たるElegant Eaglesにはメダルが授与されるとわかります。続いて、第4文 The top team in Stage B will also receive medals.「ステージＢの1位もメダルが授与されます」から、表でステージＢの1位であるShocking Sharksにもメダルが授与されるとわかります。

　次に、第5文 Next, the team that got the highest final rank

will win the champion's trophies. 「次に、最終順位で1位だっ
たチームには、優勝トロフィーが授与されます」から、表の最終順
位の1位であるElegant Eaglesには、前述のメダルに加えて、ト
ロフィーも授与されるとわかります。よって、Elegant Eaglesが受
け取れる賞品の　23　には、メダルとトロフィーの⑥が入るとわか
ります。一方、Shocking Sharksはメダルだけなので、　24　に
は、②が入るとわかります。

　第6文の聞き取りができれば　22　、　25　が正解できますが、
難しかったでしょう。Team members not winning any medals
or trophies will receive a game from our online store. 「メ
ダルやトロフィーを獲得していないチームメンバーは、私たちのオ
ンラインストアからゲームをもらえます」から、Dark Dragons、
Warrior Wolvesともにメダルもトロフィーも受け取っていない
のでゲームを受け取れるとわかり、　22　、　25　には、①が入
ります。

　＊次からは先読みのコツは、問題を解いたあとに掲載してあります。

第4問

1人による説明文・図表との照合問題

第 4 問 (配点 12) 音声は 1 回流れます。

第 4 問は **A** と **B** の二つの部分に分かれています。

A 第 4 問 **A** は問 18 から問 25 までの 8 問です。話を聞き，それぞれの問いの答えとして最も適切なものを，選択肢から選びなさい。**問題文と図表を読む時間が与えられた後，音声が流れます。**

問18~21 あなたは，大学の授業で配られた資料のグラフを完成させようとしています。クラスメートの発表を聞き，四つの空欄 18 ~ 21 に入れるのに最も適切なものを，四つの選択肢 (①~④) のうちから一つずつ選びなさい。

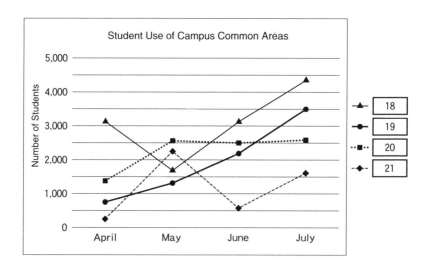

① Cafeteria

② Computer Room

③ Library

④ Student Lounge

問22～25　あなたは，留学生の友達のために，英語が通じるフィットネスクラブを
探していて，受付で一緒に料金プランの説明を聞いています。次の表の四つ
の空欄 22 ～ 25 に入れるのに最も適切なものを，六つの選択肢
(①～⑥)のうちから一つずつ選びなさい。選択肢は2回以上使ってもかまいま
せん。

Club Membership Plans and Monthly Fees

Membership plans	All areas	Pool only	Towel service
Regular	¥8,000	23	24
Daytime	¥5,000	¥3,000	25
Student	22	¥2,000	¥1,000

① ¥0
② ¥1,000
③ ¥2,500
④ ¥3,000
⑤ ¥4,000
⑥ ¥6,000

（令和5年度　追・再試験）

これで第4問Aは終わりです。

第4問 （配点 12） **音声は1回流れます。**

第4問は**A**と**B**の二つの部分に分かれています。

A 第4問**A**は問18から問25までの8問です。話を聞き，それぞれの問いの答
えとして最も適切なものを，選択肢から選びなさい。問題文と図表を読む時間
が与えられた後，音声が流れます。

問18〜21 あなたは，大学の授業で配られた資料のグラフを完成させようとしてい
ます。クラスメートの発表を聞き，四つの空欄 | 18 | 〜 | 21 | に入れるの
に最も適切なものを，四つの選択肢（①〜④）のうちから一つずつ選びなさい。

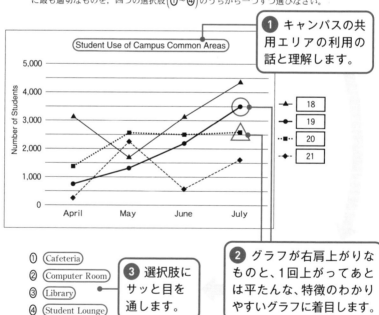

❶ キャンパスの共用エリアの利用の話と理解します。

Student Use of Campus Common Areas

Number of Students

5,000
4,000
3,000
2,000
1,000
0

April　May　June　July

| 18 |
| 19 |
| 20 |
| 21 |

❷ グラフが右肩上がりなものと、1回上がってあとは平たんな、特徴のわかりやすいグラフに着目します。

① Cafeteria
② Computer Room
③ Library
④ Student Lounge

❸ 選択肢にサッと目を通します。

※番号の順に従って、チェックしましょう。

❶ フィットネスクラブの
料金プランの話と理解します。

問22〜25　あなたは，留学生の友達のために，英語が通じるフィットネスクラブを
探していて，受付で一緒に料金プランの説明を聞いています。次の表の四つ
の空欄　22　〜　25　に入れるのに最も適切なものを，六つの選択肢
①〜⑥のうちから一つずつ選びなさい。選択肢は２回以上使ってもかまいま
せん。

Club Membership Plans and Monthly Fees

Membership plans	All areas	Pool only	Towel service
Regular	¥8,000	23	24
Daytime	¥5,000	¥3,000	25
Student	22	¥2,000	¥1,000

① ¥0
② ¥1,000
③ ¥2,500
④ ¥3,000
⑤ ¥4,000
⑥ ¥6,000

❷ レギュラー会員のプール使用の
みと、タオルサービスの料金、デイ
タイム会員のタオルサービスの料
金を集中して聞き取ります。

❸ 学生のAll areas
利用の場合は、いく
らになるかを集中し
て聞き取ります。

（令和5年度　追・再試験）

これで第4問Aは終わりです。

解答・解説 1

解答 　問18　③　　　問19　④　　　問20　①　　　問21　②
　　　　　問22　⑤　　　問23　⑥　　　問24　①　　　問25　②

解説

問18〜21　　18　〜　21　　　標

▶▶ **読み上げられた英文とグラフ・選択肢の訳**

Questions No.18 to 21

To understand our campus services, we researched ❶the number of students who used the cafeteria, computer room, library, and student lounge over the last semester. As you can see, ❷the student lounge had a continuous rise in users over all four months. The use of the computer room, however, was the least consistent, with some increase ❸and some decrease. Library usage dropped in May but grew each month ❹after that. Finally, cafeteria use rose in May, ❺and then the numbers became stable.

問18〜21

　私たちのキャンパスのサービスを理解するために、前の学期にカフェテリア、コンピュータールーム、図書館、学生ラウンジを使用した学生の数を調査した。ご覧の通り、学生ラウンジは、4か月の間ずっと利用者が増え続けていた。しかし、コンピュータールームの利用は、最も一貫性がなく、少し増えたり、少し減ったりした。図書館の利用は5月に減ったが、その後は毎月増加した。最後に、カフェテリアの利用は5月に増えたが、その後利用者数は一定のままだった。

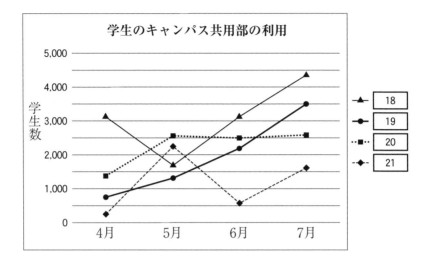

① カフェテリア

② コンピュータールーム

③ 図書館

④ 学生ラウンジ

🦻 **聞き取りのコツ**

❶ of が弱形で【ァ】になり【ザナンバーァ ステュードゥンツ】のように読まれています。

❷ student の t がストップ T で【ザ ステュードゥン(トゥ) ラウンジ】のように読まれています。

❸ and が弱形で【アン】のように読まれています。

❹ that の t がストップ T で【アフタァザッ(トゥ)】のように読まれています。

❺ and と then がつながり【アンゼン ザナンバーズ】のように読まれています。

□ service「サービス」	□ research「研究する」
□ the number of「～の数」	□ cafeteria「カフェテリア」
□ semester「学期」	□ continuous「継続的な」
□ rise「増加」	□ consistent「一貫した」
□ increase「増加」	□ decrease「減少」
□ usage「使用」	□ drop「減少する」
□ finally「最後に」	□ stable「安定した」

第2文 As you can see, **the student lounge had a continuous rise in users over all four months**.「ご覧の通り、学生ラウンジは、4か月の間ずっと利用者が増え続けていた」から、ずっと右肩上がりのグラフの 19 に④ Student Lounge が入るとわかります。

続いて、第3文 **The use of the computer room, however, was the least consistent, with some increase and some decrease.**「しかし、コンピュータールームの利用は、最も一貫性がなく、少し増えたり、少し減ったりした」から、グラフが上下している 21 に② Computer Room が入るとわかります。もっとも、この判断はやや難しいので、 21 は消去法で最後に残った選択肢を入れる方法でも構いません。

さらに第4文 **Library usage dropped in May but grew each month after that.**「図書館の利用は5月に減ったが、その後、毎月増加した」から、5月に利用者が減って、その後はずっと伸びているグラフの 18 に③ Library が入るとわかります。最終文 Finally, **cafeteria use rose in May, and then the numbers became stable**.「カフェテリアの利用は5月に増えたが、その後利用者数は一定のままだった」から、グラフが5月に伸びてその後は

一定のままである $\boxed{20}$ に ① Cafeteria が入るとわかります。

得点力アップの POINT 24 で説明した、**図表問題で頻出の表現**が、かなり使用されていることがわかると思います。必ず、おさえておきましょう。

問22〜25

▶▶ **読み上げられた英文と表の訳**

Questions No.22 to 25

❶Let me explain our monthly membership plans. A regular membership with 24-hour access to all areas is ¥8,000. Daytime members can access all areas for ¥5,000. Students with a valid ID get half-off our regular membership fee. We also offer pool-only options for ¥2,000 off the price of our regular, daytime, and student memberships. Oh, ❷and our towel service is included in our regular membership with no extra charge ❸but is available to daytime and student members for an additional ¥1,000.

問22〜25

　月会費のプランを説明させていただきます。全エリア24時間利用のレギュラー会員は、8,000円です。デイタイム会員は、5,000円で全エリア利用できます。有効な身分証明書を持った学生は、レギュラー会員の半額で利用できます。また、プール利用のみのオプションは、レギュラー会員、デイタイム会員、学生会員プランの2,000円オフで利用できます。ああ、そしてタオルサービスは、レギュラー会員は追加費用なしで含まれていますが、デイタイム、学生会員は追加費用1,000円で利用できます。

クラブ会員プランと月会費

会員プラン	全エリア	プールのみ	タオルサービス
レギュラー	8,000円	23	24
デイタイム	5,000円	3,000円	25
学生	22	2,000円	1,000円

聞き取りのコツ

❶ Let と me が合わさって【レッミィ】のように読まれています。
❷ and と our がつながって【エンダァ】のように読まれています。
❸ but と is がつながって but の t がストップ T で【バッ(トゥ) イズァヴェ イラボゥ】のように読まれています。

■ 語彙リスト

☐ Let me do ～.「私に～させてください」　☐ monthly「月ごとの」

☐ membership「会員」　☐ regular「定期的な」

☐ access to「～の利用」　☐ daytime「日中の」

☐ valid「有効な」　☐ membership fee「会費」

☐ option「選択肢」　☐ include「含んでいる」

☐ extra「追加の」　☐ charge「料金」

☐ available「利用できる」　☐ additional「追加の」

問22 ⌈ 22 ⌋ （易）／問23 ⌈ 23 ⌋ （易）
問24 ⌈ 24 ⌋ （易）／問25 ⌈ 25 ⌋ （易）

　第4文 Students with a valid ID get half-off our regular membership fee.「有効な身分証明書を持った学生は、レギュラー会員の半額で利用できます」から、学生はレギュラー会員の8,000円の半額とわかるので、⑤ 4,000円が ⌈ 22 ⌋ に入ります。

　続いて、第5文 We also offer pool-only options for ¥2,000 off the price of our regular, daytime, and student memberships.「また、プール利用のみのオプションは、レギュラー、デイタイム、学生会員プランの2,000円オフで利用できます」から、⌈ 23 ⌋ にはレギュラー会員の8,000円から2,000円を引いた⑥ 6,000円が入るとわかります。

さらに、第6文〜, and **our towel service is included in our regular membership with no extra charge but is available to daytime and student members for an additional ¥1,000**. 「そしてタオルサービスは、レギュラー会員は追加費用なしで含まれていますが、デイタイム、学生会員は追加費用1,000円で利用できます」から、　24　に① 0円、　25　に② 1,000円が入るとわかります。

第4問 （配点 12）　**音声は1回流れます。**

第4問は**A**と**B**の二つの部分に分かれています。

A　　第4問**A**は問18から問25までの8問です。話を聞き，それぞれの問いの答えとして最も適切なものを，選択肢から選びなさい。**問題文と図表を読む時間が与えられた後，音声が流れます。**

問18~21　先生が，保護者向けのイベントについて，当日のスケジュールを生徒たちと確認しています。話を聞き，その内容を表した四つのイラスト（①~④）を，スケジュールに沿った順番に並べなさい。

18	→	19	→	20	→	21

①

②

③

④

問22～25　あなたは，留学先で，世界の食品フェアに友人と来ています。受付で話を聞いてきた友人の説明を聞き，次のメモの四つの空欄 | 22 | ～ | 25 | に入れるのに最も適切なものを，六つの選択肢 (① ～ ⑥) のうちから一つずつ選びなさい。選択肢は２回以上使ってもかまいません。

第 **4** 問

1人による説明文・図表との照合問題

Things to buy		**Section**
Canadian maple candy	—	22
Greek cheese	—	23
Indonesian instant ramen	—	24
Kenyan bottled coffee	—	25

① A and B

② B

③ C

④ C and F

⑤ D

⑥ E and F

（令和4年度　追・再試験）

これで第４問Ａは終わりです。

第4問 （配点 12） **音声は1回流れます。**

第4問はAとBの二つの部分に分かれています。

A 　第4問Aは問18から問25までの8問です。話を聞き，それぞれの問いの答えとして最も適切なものを，選択肢から選びなさい。**問題文と図表を読む時間が与えられた後，音声が流れます。**

❶ 状況を把握します。

問18～21　先生が，保護者向けのイベントについて，当日のスケジュールを生徒たちと確認しています。話を聞き，その内容を表した四つのイラスト（①～④）を，スケジュールに沿った順番に並べなさい。

| 18 | → | 19 | → | 20 | → | 21 |

❷ 校長先生、女子学生の
スピーチ、合唱、ダンスの
イラストを把握します。

※番号の順に従って、チェックしましょう。

① 状況を把握します。

問22〜25　あなたは，留学先で，世界の食品フェアに友人と来ています。受付で話を聞いてきた友人の説明を聞き，次のメモの四つの空欄 22 〜 25 に入れるのに最も適切なものを，六つの選択肢（①〜⑥）のうちから一つずつ選びなさい。選択肢は2回以上使ってもかまいません。

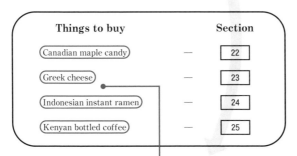

Things to buy		Section
Canadian maple candy	—	22
Greek cheese	—	23
Indonesian instant ramen	—	24
Kenyan bottled coffee	—	25

② 商品がどの売り場にあるかが話されると予想して、軽くチェックします。

① A and B
② B
③ C
④ C and F
⑤ D
⑥ E and F

（令和4年度　追・再試験）

これで第4問Aは終わりです。

🗒 解答・解説 2

解答　問18 ③　　問19 ②　　問20 ④　　問21 ①

　　　　　問22 ③　　問23 ⑥　　問24 ②　　問25 ⑤

解説

問18〜21　　18 〜 21　　やや難

▶▶ **読み上げられた英文と訳**

Questions No.18 to 21

Let's review the schedule for Parents' Day. The event will open with a performance by the chorus club. Next, we had originally planned for the school principal to make a welcome speech. ❶But he prefers ❷that the president of the student council make the speech, so she will do that. Instead, the principal will make the closing address just after the live performance by the dance team. Finally, a small welcome reception for parents will be held following the closing address. ❸I think we're all set for the big day.

問18〜21

　授業参観のスケジュールを見直していきましょう。そのイベントは、合唱部の合唱で幕を開けます。次に、私たちはもともとは校長による歓迎スピーチを予定していました。しかし、彼は生徒会長がスピーチをすることを望んでいるので、彼女がそうする予定です。その代わりに、校長はダンスチームによるライブ・パフォーマンスの直後に、閉会のあいさつをする予定です。最後に、保護者のための小さな歓迎会が、閉会のあいさつのあとに開かれる予定です。大切な日の準備はしっかり整っていると思います。

📕 語彙リスト

☐ review「見直す」	☐ performance「演奏、パフォーマンス」
☐ originally「もともと」	☐ principal「校長」
☐ welcome「歓迎の」	☐ prefer「好む」
☐ president「会長」	☐ instead「その代わりに」
☐ address「(式典の)あいさつ」	☐ reception「歓迎会」
☐ following「〜のあとに」	

　第2文 **The event will open with a performance by the chorus club.**「そのイベントは、合唱部の合唱で幕を開けます」から、③が 18 に入るとわかります。続いて、第3文 **Next, we had originally planned for the school principal to make a welcome speech.**「次に、私たちはもともとは校長による歓迎スピーチを予定していました」から、 19 に①が入るとしてしまいがちですが、続く第4〜5文で、どうやら別の段取りにするようだと推測します。

　But he が聞き取れなくても、so の後ろの **she will do that** が聞き取れたと思います。ここから、女子学生が壇上でしゃべろうとしているイラストの②が 19 に入ると推測します。そして、第5文の Instead, **the principal will make the closing address just after the live performance by the dance team.**「その代わりに、

校長はダンスチームによるライブ・パフォーマンスの直後に、閉会のあいさつをする予定です」から、 20 に④が入り、 21 に①を入れるのが正解です。

第3文の originally planned、第4文の But he から、「もともとは〜の計画だったが、…」という文章の展開がわかるとよいのですが、【バッヒィ】の発音をきちんと聞き取ってこの展開を理解するのはかなり難しかったでしょう。he や she と合わさる代表的な音の変化を紹介します。

得点力アップの POINT 26　he や she と合わさる音の変化

（👂 聞き取りのコツ）の❶で説明したように、he や she が他の語と合わさって、音の変化を生み出すことがあるので、整理します。

	but	does	did
① he	But he【バッヒィ】	Does he【ダッヒィ】	Did he【ディディー】
② she	But she【バッシィ】	Does she【ダッシィ】	Did she【ディッシー】

問22〜25

▶▶ 読み上げられた英文と表の訳

Questions No.22 to 25

The receptionist said the products are grouped by the type of food, like a supermarket. Sweets are available in Section C. Dairy or milk-based products are in Section E. We can get noodles in Section B. That's ❶next to Section A, where the fruits are located. Drinks are sold in Section D. Oh, and Section F features a different country each day. Today, items from Greece are there as well as in their usual sections.

問22〜25

　製品は、スーパーマーケットのように、食品の種類によって分類されていると、受付係は言っていた。スイーツはC売り場で手に入

る。乳製品、つまり牛乳で作られた製品はＥ売り場にある。Ｂ売り場で麺類を入手できる。それはＡ売り場の隣で、そこにはフルーツがある。飲み物はＤ売り場で売られている。ああ、Ｆ売り場は毎日異なる国を特集している。今日は、ギリシャ製品が、通常の売り場に加えて、そこにある。

❶ next と to が合わさって【ネクストゥ】のように読まれています。

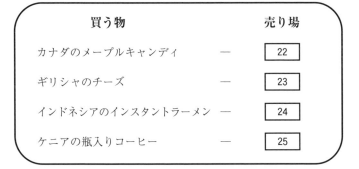

買う物		売り場
カナダのメープルキャンディ	―	22
ギリシャのチーズ	―	23
インドネシアのインスタントラーメン	―	24
ケニアの瓶入りコーヒー	―	25

■ 語彙リスト

☐ receptionist「受付係」　　　☐ product「製品」

☐ available「手に入る」　　　☐ section「売り場」

☐ dairy product「乳製品」　　☐ noodle「麺」

☐ be located「位置している」　☐ feature「特集する」

☐ B as well as A「AだけではなくBも」　☐ usual「通常の」

問22　22　（易）／問23　23　（標）
問24　24　（易）／問25　25　（易）

　第2文Sweets are available in Section C.「スイーツはＣ売り場で手に入る」から、Canadian maple candy の　22　にＣが入

ると予測します。続いて、第3文**Dairy or milk-based products are in Section E.**「乳製品、つまり牛乳で作られた製品はE売り場にある」から、**Greek cheese**の 23 にEが入ると予測します。次に、第4文**We can get noodles in Section B.**「B売り場で麺類を入手できる」から、**Indonesian instant ramen**の 24 にBが入ると予測します。第6文**Drinks are sold in Section D.**「飲み物はD売り場で売られている」から、**Kenyan bottled coffee**の 25 にはDが入ると予測します。

第7文と最終文**Oh, and Section F features a different country each day. Today, items from Greece are there** as well as in their usual sections.「ああ、**F売り場は毎日異なる国を特集している。今日は、ギリシャ製品が、**通常の売り場に加えて、そこにある」から、**Greek cheese**の 23 に**Fも入る**とわかるので、先に説明したEと合わせて、 23 には⑥が入るとわかります。

正解を整理すると、 22 には③C、 23 には⑥E and F、 24 には②B、 25 には⑤Dが入るとわかります。

問題 **1人による説明文・条件把握問題**

STEP 1 先読みのコツを知る

B　第4問Bは問26の1問です。話を聞き，示された条件に最も合うものを，四つの選択肢（①〜④）のうちから一つ選びなさい。後の表を参考にしてメモを取ってもかまいません。**状況と条件を読む時間が与えられた後，音声が流れます。**

状況

あなたは，交換留学先の高校で，生徒会の会長選挙の前に，四人の会長候補者の演説を聞いています。

あなたが考えている条件

A. 全校生徒のための行事を増やすこと ●

B. 学校の食堂にベジタリアン向けのメニューを増やすこと

C. コンピューター室を使える時間を増やすこと

	Candidates	Condition A	Condition B	Condition C
①	Charlie			
②	Jun			
③	Nancy			
④	Philip			

問26　| 26 |　is the candidate you are most likely to choose.

① Charlie
② Jun
③ Nancy
④ Philip

3つの条件を先読みして、これらの条件を候補者が満たすかどうか集中して聞き取ります。条件の〇、×、△を下の表に記入していきます。

（令和5年度　本試験）

これで第4問Bは終わりです。

B 　第4問Bは問26の1問です。話を聞き，示された条件に最も合うものを，四つの選択肢（①〜④）のうちから一つ選びなさい。後の表を参考にしてメモを取ってもかまいません。**状況と条件を読む時間が与えられた後，音声が流れます。**

状況

あなたは，交換留学先の高校で，生徒会の会長選挙の前に，四人の会長候補者の演説を聞いています。

あなたが考えている条件

A．全校生徒のための行事を増やすこと

B．学校の食堂にベジタリアン向けのメニューを増やすこと

C．コンピューター室を使える時間を増やすこと

	Candidates	Condition A	Condition B	Condition C
①	Charlie			
②	Jun			
③	Nancy			
④	Philip			

問26 　| 26 | 　is the candidate you are most likely to choose.

① Charlie

② Jun

③ Nancy

④ Philip

（令和5年度　本試験）

これで第4問Bは終わりです。

第

4

問

1人による説明文・条件把握問題

STEP 3 解答のプロセスを理解する

解説

問26 | 26 |　易

▶▶ 読み上げられた英文と訳

Question No.26

① Hi there! Charlie, here. I'll ❶work to increase the ❷opening hours of the computer room. Also, there should be more events for all students. Finally, ❸our student athletes need energy! So I'll push for more meat options in the cafeteria.

② Hello! I'm Jun. I think school meals would be healthier if our cafeteria increased vegetarian choices. The computer lab should also be open longer, especially in the afternoons. Finally, our school should have fewer events. We should concentrate on homework and club activities!

③ Hi guys! I'm Nancy. I support the school giving all students computers; ❹then we wouldn't need the lab! I also think the cafeteria should bring back ❺our favorite fried chicken. And school events need expanding. It's ❻important for all students ❼to get together!

④ Hey everybody! I'm Philip. First, I don't think there are enough events for students. We ❽should do more together! Next, we should be able to use the computer lab ❾at the weekends, too. Also, vegans like me need more vegetable-only meals ❿in our cafeteria.

問18〜21

① こんにちは！　チャーリーです。私はコンピュータールームの利用時間を増やすように働きかけるつもりです。また、全校生徒のための行事がもっとあるべきです。最後に、運動系の部活動をし

ている生徒はエネルギーが必要です！　だから、私は食堂でもっと肉料理のメニューを増やすよう求めるつもりです。

② こんにちは！　私はジュンです。私たちの食堂がベジタリアンのメニューを増やすなら、学校の食事がもっと健康的になると私は思います。コンピュータールームも、特に午後の時間にもっと長く開いているべきです。最後に、私たちの学校は行事をもっと少なくするべきです。私たちは、宿題とクラブ活動に集中すべきです！

③ こんにちは、みなさん！　私はナンシーです。私は学校が全校生徒にコンピューターを与えることを支持します。そうすれば、私たちはコンピュータールームを必要としなくなるでしょう！　また、食堂は私たちに大人気のフライドチキンをまた提供すべきです。そして、学校の行事を増やす必要があります。全校生徒が集まることは重要です！

④ こんにちは、みんな！　僕はフィリップです。初めに、生徒にとって十分な行事があるとは僕は思いません。僕たちはもっと一緒に活動するべきです！　次に、週末もコンピュータールームを利用できるようにすべきです。また、僕のようなビーガンは、食堂で、もっと野菜だけの料理を必要としています。

> **聞き取りのコツ**

❶ workのkが脱落してtoの弱形と合わさって【ワートゥ インクウィース】のように読まれています。

❷ openingのgが飲み込まれて【オープニン（グ）アワーズ】のように読まれています。

❸ studentのtがストップTで【アーステュードゥン（トゥ）アスリーツ】のように読まれています。

❹ thenとweがつながって、wouldn'tのtとneedのdがストップT、ストップDで【ゼンウィウドゥン（トゥ） ニー（ドゥ）ザラブ】のように一息で読まれています。

❺ favoriteのteとfriedのdがストップT、ストップDで【アーフェ

イヴァウィッ(トゥ)フワイ(ドゥ)チキンのように読まれています。
⑥ important の最後の t がストップTで **【インポートゥン(トゥ)】** のように読まれています。
⑦ to が弱形で get と together が合わさって **【トゥゲットゥギャザァ】** のように読まれています。
⑧ should と do が合わさって **【シュ(ド)ドゥ】** のように読まれています。
⑨ at が弱形で the と合わさって **【アッザウィークェンズ】** のように読まれています。
⑩ our が弱形で **【アー】** になり in とつながって **【イナーカフェテウィア】** のように読まれています。

◤ 語彙リスト

☐ Hi there!「やあ、みなさん！」	☐ opening hours「利用時間」
☐ event「行事」	☐ finally「最後に」
☐ athlete「運動選手」	☐ option「選択肢」
☐ meal「食事」	☐ choice「選択肢」
☐ lab「研究室(laboratory の略語)」	☐ especially「特に」
☐ concentrate on「～に集中する」	☐ support「支持する」
☐ bring back「取り戻す」	☐ favorite「大好きな」
☐ expand「拡大する」	☐ get together「集まる」
☐ weekend「週末」	☐ vegan「ビーガン(厳格な菜食主義者)」

　音声から、条件を満たしている場合は〇、満たしていない場合は×、わからない場合は△を記入していきます。

　①は、チャーリーの第3発言I'll work to increase the opening hours of the computer room.「私はコンピュータールームの利用時間を増やすように働きかけるつもりです」から、Condition C には〇を記入します。また、第4発言Also, there should be more events for all students.「また、全校生徒のための行事が

もっとあるべきです」から、Condition A にも○を記入します。最後の発言 So I'll **push for more meat options in the cafeteria**. 「だから、私は**食堂でもっと肉料理のメニューを増やす**よう求めるつもりです」から、Condition B には×を記入します。

②は、ジュンの第3発言 I think **school meals would be healthier if our cafeteria increased vegetarian choices**. 「私たちの食堂がベジタリアンのメニューを増やすなら、学校の食事がもっと健康的になると私は思います」から、Condition B に○を記入します。続いて第4発言 **The computer lab should also be open longer, especially in the afternoons**. 「コンピュータールームも、特に午後の時間にもっと長く開いているべきです」から、Condition C にも○を記入しましょう。第5発言 Finally, **our school should have fewer events**. 「最後に、私たちの学校は行事をもっと少なくするべきです」から、Condition A には×を記入します。

③は、ナンシーの第3発言 I support the school giving all students computers; then **we wouldn't need the lab**! 「私は学校が全校生徒にコンピューターを与えることを支持します。そうすれば、**私たちはコンピュータールームを必要としなくなるでしょう**！」から、Condition C は×を記入します。続いて、第4発言 I also think **the cafeteria should bring back our favorite fried chicken**. 「また、食堂は私たちに大人気のフライドチキンをまた提供すべきです」から、Condition B には×を記入します。続いて、第5発言 And **school events need expanding**. 「そして、学校の行事を増やす必要があります」から、**Condition A には○**を記入します。

④は、フィリップの第3、4発言 First, **I don't think there are enough events for students. We should do more together**! 「初めに、生徒にとって十分な行事があるとは僕は思いません。僕たち

はもっと一緒に活動するべきです！」から、**Condition A に〇**を記入します。続いて、第5発言Next, **we should be able to use the computer lab at the weekends, too**. 「次に、週末もコンピュータールームを利用できるようにすべきです」から、**Condition C にも〇**を記入します。最後に、最後の発言Also, **vegans like me need more vegetable-only meals in our cafeteria**. 「また、僕のようなビーガンは、食堂で、もっと野菜だけの料理を必要としています」から、**Condition B にも〇**を記入します。

完成した表と訳は、以下のようになります。

候補者	条件A	条件B	条件C
① チャーリー	〇	×	〇
② ジュン	×	〇	〇
③ ナンシー	〇	×	×
④ フィリップ	〇	〇	〇

3つの条件をすべて満たしているのがフィリップなので、**④が正解**になります。

＊次からは先読みのコツは、問題を解いたあとに掲載してあります。

B 第4問Bは問26の1問です。話を聞き，示された条件に最も合うものを，四つの選択肢（①〜④）のうちから一つ選びなさい。後の表を参考にしてメモを取ってもかまいません。**状況と条件を読む時間が与えられた後，音声が流れます。**

状況

あなたは，国際会議の会場を一つ決めるために，四人のスタッフが推薦する場所の説明を聞いています。

あなたが考えている条件

A．50人以上入る部屋が8室以上あること

B．施設内全体でWi-Fiが使えること

C．施設内で食事ができること

Location	Condition A	Condition B	Condition C
① Ashford Center			
② Founders' Hotel			
③ Mountain Terrace			
④ Valley Hall			

問26 **26** is the location you are most likely to choose.

① Ashford Center

② Founders' Hotel

③ Mountain Terrace

④ Valley Hall

（令和5年度　追・再試験）

これで第4問Bは終わりです。

先読みのコツを知る

B　第4問Bは問26の1問です。話を聞き，示された条件に最も合うものを，四つの選択肢（①〜④）のうちから一つ選びなさい。後の表を参考にしてメモを取ってもかまいません。**状況と条件を読む時間が与えられた後，音声が流れます。**

状況

　あなたは，国際会議の会場を一つ決めるために，四人のスタッフが推薦する場所の説明を聞いています。

あなたが考えている条件

　A.（50人以上入る部屋が8室以上）あること
　B.（施設内全体でWi-Fi）が使えること ●
　C.（施設内で食事）ができること

> 3つの条件を先読みして、これらの条件を各場所が満たすかどうか集中して聞き取ります。条件の〇、×、△を下の表に記入していきます。

	Location	Condition A	Condition B	Condition C
①	Ashford Center			
②	Founders' Hotel			
③	Mountain Terrace			
④	Valley Hall			

問26　| 26 | is the location you are most likely to choose.

① Ashford Center
② Founders' Hotel
③ Mountain Terrace
④ Valley Hall

（令和5年度　追・再試験）

これで第4問Bは終わりです。

👍 解答・解説 1

解説

問26 26 （易）

▶▶ **読み上げられた英文と訳**

Question No.26

① I suggest the Ashford Center. It has twenty rooms we can use for sessions that hold up to forty people each and a conference room for meetings. It's **❶recently** been updated with Wi-Fi available everywhere, **❷and it has an excellent** food court.

② I recommend the Founders' Hotel. It's modern with Wi-Fi **❸in all rooms**, and many great restaurants are available just a five-minute walk from the building. They have plenty of space for lectures with eight large rooms **❹that accommodate** seventy people each.

③ I like Mountain Terrace. Of course, **❺there are** several restaurants inside for people to choose from, and Wi-Fi is available **❻throughout the hotel**. They have ten rooms **❼that can hold** sixty people each, but unfortunately they don't have a printing service.

④ Valley Hall is great! They have lots of space with five huge rooms **❽that fit up to** 200 people each. There's a restaurant on the top floor with a fantastic view of the mountains. If you need Wi-Fi, it's available in the lobby.

問26

① 私はアッシュフォードセンターをおすすめします。集会に使用できる、それぞれ40人まで収容できる部屋が20あり、打ち合わせに使える会議室があります。そこは、最近Wi-Fiがあらゆる所で使用できるようにリニューアルされて、素晴らしいフードコートがあります。

② 私はファウンダーズホテルをおすすめします。そこは、すべての部屋にWi-Fiが備わっている最新のホテルで、建物からわずか徒歩5分の所に、素晴らしいレストランがたくさんあります。それぞれ70人を収容できる、8つの広い部屋があるので、講演できるたくさんのスペースがあります。

③ 私はマウンテンテラスが好きです。もちろん、いくつかのレストランが中にあって、人々はそこから選ぶことができますし、Wi-Fiはホテルの至る所で使用できます。それぞれ60人を収容できる10の部屋がありますが、残念ながら、印刷サービスがありません。

④ バレーホールが素晴らしい！　それぞれ200人まで収容できる5つの大部屋があるので、たくさんの空間があります。最上階には、山の眺めが素晴らしいレストランがあります。もしWi-Fiが必要なら、ロビーで利用できます。

聞き取りのコツ

❶ recentlyのtがストップTで【ウィースン（トゥ）リィ】のように読まれています。

❷ andが弱形で後ろとつながり【エニットゥハズァンエクセレン（トゥ）】のように読まれています。

❸ inとallがつながり【イノーウームズ】のように読まれています。

❹ thatが弱形で【ザッ（トゥ）アカマデイトゥ】のように読まれています。

❺ thereとareがつながって【ゼァワ】のように読まれています。

❻ throughoutの最後のtがストップTで【スウーアウ（トゥ）ザホテゥ】のように読まれています。

❼ thatが弱形で【ザッキャンホゥドゥ】のように読まれています。

❽ thatが弱形でfitのtが【l】に近い音になりupとつながって【ザッ（トゥ）フィラップトゥ】のように読まれています。

☐ suggest「すすめる」	☐ session「会合」
☐ up to「〜まで」	☐ conference「会議」
☐ update「更新する」	☐ available「利用できる」
☐ everywhere「あらゆる所に」	☐ excellent「素晴らしい」
☐ recommend「すすめる」	☐ modern「現代的な」
☐ plenty of「たくさんの〜」	☐ space「空間」
☐ lecture「講義」	☐ accommodate「収容できる」
☐ several「いくつかの」	☐ throughout「〜中で」
☐ unfortunately「残念なことに」	☐ huge「巨大な」
☐ fantastic「素晴らしい」	☐ view「眺め」

音声から、条件を満たしている場合は○、満たしていない場合は×、わからない場合は△を記入します。

①は、第2発言It has **twenty rooms** we can use for sessions that **hold up to forty people** each and a conference room for meetings.「集会に使用できる、それぞれ40人までが収容できる部屋が20あり、打ち合わせに使える会議室があります」から、**Condition A に×**を記入します。第3発言It's recently been updated with **Wi-Fi available everywhere**, and it has **an excellent food court**.「そこは、最近Wi-Fiがあらゆる所で使用できるようにリニューアルされて、素晴らしいフードコートがあります」から、**Condition B、C に○を記入**します。

②は、第2発言It's modern **with Wi-Fi in all rooms, and many great restaurants are available just a five-minute walk from the building**.「そこは、すべての部屋にWi-Fiが備わっている最新のホテルで、建物からわずか徒歩5分の所に、素晴らしいレストランがたくさんあります」から、**Condition B に○を記**

入しますが、Condition Cには×を記入します。もっとも、「建物から徒歩5分の所に」から、Condition Cの条件を満たしていないことが一瞬で理解できない可能性もあるので、その場合は△を記入します。最後の発言They have plenty of space for lectures with **eight large rooms that accommodate seventy people each**.「それぞれ70人を収容できる、8つの広い部屋があるので、講演できるたくさんのスペースがあります」から、**Condition A**に〇を記入します。

得点力アップの POINT 27　メモ取りの技術　その3

　第4問のB問題で、A～Cの条件に該当するかの判断ができない場合は、△を使いましょう。理想は、確信をもって〇か×を付けることですが、すべての条件を簡単に聞き取れるとも限りません。そういった場合には、適当に〇か×を付けるのではなく、とりあえず△を付けて、他の条件や選択肢で確実に判断できるものから正解を選びましょう。

　③は、第2発言Of course, there are **several restaurants inside** for people to choose from, and **Wi-Fi is available throughout the hotel**.「もちろん、いくつかのレストランが中にあって、人々はそこから選ぶことができますし、Wi-Fiはホテルの至る所で使用できます」から、**Condition C、B**に〇を記入します。最後の発言前半のThey have **ten rooms that can hold sixty people each**, ～.「それぞれ60人を収容できる10の部屋があり、～」から、**Condition A**に〇を記入します。

　④は、第2発言They have lots of space with **five huge rooms that fit up to 200 people each**.「それぞれ200人まで収容できる5つの大部屋があるので、たくさんの空間があります」から、**Condition A**の8室以上という条件を満たしていないので、×を記入します。第3発言There's a **restaurant on the top floor with** a fantastic view of the mountains. 「最上階には、山の眺めが素晴らしいレストランがあります」から、Condition Cには○を記入します。第4発言 If you need Wi-Fi, it's available in the lobby. 「もしWi-Fiが必要なら、ロビーで利用できます」から、施設内全体ではWi-Fiを使用できないことがわかるので、Condition Bには×を記入します。

完成した表と訳は、次のようになります。

場所	条件A	条件B	条件C
① アッシュフォードセンター	×	○	○
② ファウンダーズホテル	○	○	×(△)
③ マウンテンテラス	○	○	○
④ バレーホール	×	×	○

3つの条件をすべて満たしているのがマウンテンテラスなので、③が正解になります。

B 　第4問Bは問26の1問です。話を聞き，示された条件に最も合うものを，四つの選択肢（①~④）のうちから一つ選びなさい。後の表を参考にしてメモを取ってもかまいません。**状況と条件を読む時間が与えられた後，音声が流れます。**

状況

　あなたは，ある美術館の館内ツアーの中から，参加するものを一つ決めるために，四人の学芸員の説明を聞いています。

あなたが考えている条件

　A．現代美術を鑑賞できること

　B．絵画と彫刻の両方を鑑賞できること

　C．ガイドから対面で説明を受けられること

	Tours	Condition A	Condition B	Condition C
①	Tour No. 1			
②	Tour No. 2			
③	Tour No. 3			
④	Tour No. 4			

問26 　26　 is the tour you are most likely to choose.

① Tour No. 1

② Tour No. 2

③ Tour No. 3

④ Tour No. 4

（令和4年度　追・再試験）

これで第4問Bは終わりです。

238

B　　第4問Bは**問26**の1問です。話を聞き，示された条件に最も合うものを，四つの選択肢（①〜④）のうちから一つ選びなさい。後の表を参考にしてメモを取ってもかまいません。**状況と条件を読む時間が与えられた後，音声が流れます**。

状況

　あなたは，ある美術館の館内ツアーの中から，参加するものを一つ決めるために，四人の学芸員の説明を聞いています。

あなたが考えている条件

　A. 現代美術を鑑賞できること

　B. 絵画と彫刻の両方を鑑賞できること ●

　C. ガイドから対面で説明を受けられること

> 3つの条件を先読みして、これらの条件を各ツアーが満たすかどうか集中して聞き取ります。条件の〇、×、△を下の表に記入していきます。

Tours	Condition A	Condition B	Condition C
① Tour No. 1			
② Tour No. 2			
③ Tour No. 3			
④ Tour No. 4			

問26　| 26 |　is the tour you are most likely to choose.

① Tour No. 1

② Tour No. 2

③ Tour No. 3

④ Tour No. 4

（令和4年度　追・再試験）

これで第4問Bは終わりです。

👍解答・解説 2

解答 問26 ②

解説

問26 <u>26</u> （易）

▶▶ **読み上げられた英文と訳**

Question No.26

① Tour No. 1 allows you to experience **①a variety of** contemporary works that well-known artists have produced **②between the years 2010 and 2020**. It includes both sculptures and paintings. It's self-guided, so you can go along **③at your own** pace, using a detailed guidebook.

② Tour No. 2, which is available only this week, focuses on **④great works of art** of the 21st century. The tour guide, who is an art professor **⑤at a local university**, will personally guide you through the painting and sculpture exhibits.

③ Tour No. 3 allows you to use a smartphone to listen to a recorded explanation by an art expert. The guide will first cover the painting galleries and then, later, proceed to the ancient sculpture exhibit outdoors. This is great for the independent tourist.

④ In Tour No. 4, the guide, who is a local volunteer, will accompany you **⑥through a series of exhibits** that focus on paintings from various art periods. It covers works from the 17th century to contemporary times. The sculpture exhibits are not included in this tour.

問26

① ツアーNo.1では、有名アーティストが2010年と2020年の間に生み出した、さまざまな現代作品を体験できます。彫刻と絵画の両方が含まれています。ガイドがいないので、詳細なガイドブックを使って、自分のペースで進むことができます。

② ツアーNo.2は、今週だけ利用できて、21世紀の偉大な芸術作品に焦点を当てています。ツアーガイドは、地元の大学の美術の教授で、直接絵画や彫刻の展示を案内してくれるでしょう。

③ ツアーNo.3では、スマートフォンを利用して、芸術の専門家が録音した説明を聞くことができます。ガイドは、最初に絵画のギャラリーを説明して、それからあとに、屋外にある、古代の彫刻展示へと進みます。これは、1人で旅する観光客におすすめです。

④ ツアーNo.4では、ガイドは地元のボランティアで、さまざまな時期の絵画に焦点を当てる一連の展示に同行してくれるでしょう。17世紀から現代の作品までを扱います。彫刻の展示は、このツアーには含まれません。

🎧 聞き取りのコツ

❶ varietyのtが【l】に近い音になり【ァヴァライアリィァヴ】のように読まれています。

❷ theが【ニ】の音になりandが弱形で【ビトゥウィーンニイヤーズ トゥウェンティテン アントゥウェンティトゥウェンティ】のように読まれています。

❸ atのtが脱落して【アッヤオウン】のように読まれています。

❹ greatのtとartのtがストップTで【グウェイ(トゥ)ワークスオヴ アー(トゥ)】のように一息で読まれています。

❺ atのtが【l】に近い音になり【アラ ロウカゥ ユニヴァースィティ】のように読まれています。

❻ throughとaがつながって【スルーァ スィウィーゾヴ イグズィビッツ】のように読まれています。

◤ 語彙リスト

□ experience「経験する」	□ a variety of「さまざまな」
□ contemporary「現代の」	□ work「作品」
□ well-known「有名な」	□ include「含んでいる」

☐ sculpture「彫刻」	☐ painting「絵画」
☐ self-guided「ガイドなしの」	☐ go along「進む」
☐ detailed「詳細な」	☐ focus on「〜に焦点を当てる」
☐ professor「教授」	☐ local「地元の」
☐ personally「直接に」	☐ exhibit「展示」
☐ expert「専門家」	☐ cover「扱う」
☐ proceed「進む」	☐ independent「独立した」
☐ tourist「観光客」	☐ accompany「同行する」
☐ a series of「一連の〜」	☐ period「期間」

音声から、条件を満たしている場合は○、満たしていない場合は×、わからない場合は△を記入します。

①は、第1発言の **contemporary works**「現代作品」、**between the years 2010 and 2020**「2010年と2020年の間に」から、Condition A には○を記入します。第2発言 **It includes both sculptures and paintings.**「彫刻と絵画の両方が含まれています」から、Condition B にも○を記入します。最後の発言の **self-guided** とは「自分でガイドする」＝「ガイドなしの」という意味なので、Condition C には×を記入します。

続いて、②は第1発言の Tour No. 2, which is available only this week, **focuses on great works of art of the 21st century**.「ツアーNo.2は、今週だけ利用できて、**21世紀の偉大な芸術作品に焦点を当てています**」から、Condition A に○を記入します。第2発言 The tour guide, who is an art professor at a local university, will **personally guide you through the painting and sculpture exhibits**.「ツアーガイドは、地元の大学の美術の教授で、**直接絵画や彫刻の展示を案内してくれるでしょう**」から、Condition B、C の両方に○を記入します。3つの条件すべてを満

たしているので、②が正解です。

　正解にはなりませんが、③、④も見ていきます。③は、第1発言 Tour No. 3 allows you to use a smartphone to **listen to a recorded explanation by an art expert**.「ツアーNo.3では、スマートフォンを利用して、**芸術の専門家が録音した説明を聞くことができます**」から、Condition C には×を記入します。第2発言 The guide will first cover the **painting galleries** and then, later, proceed to the **ancient sculpture exhibit** outdoors.「ガイドは、最初に**絵画**のギャラリーを説明して、それからあとに、屋外にある、**古代の彫刻展示**へと進みます」から、Condition B に○を記入します。絵画は現代美術の可能性はありますが、彫刻は古代のものなので、Condition A に×を記入します。

　④は、第1発言 In Tour No. 4, **the guide, who is a local volunteer**, 〜.「ツアーNo.4では、ガイドは地元のボランティアで、〜」から、Condition C に○を記入します。第2発言 It covers works from the 17th century to **contemporary times**.「それは、17世紀から**現代の作品**までを扱います」から、Condition A に○を記入します。最後の発言 **The sculpture exhibits are not included in this tour.**「彫刻の展示は、このツアーには含まれません」から、Condition B に×を記入します。

　完成した表と訳は、以下のようになります。

ツアー	条件A	条件B	条件C
① ツアー1	○	○	×
② ツアー2	○	○	○
③ ツアー3	×	○	×
④ ツアー4	○	×	○

すでに説明した通り、**3つの条件をすべて満たしているのがツアー2**なので、②が正解です。

第 5 問

1人による講義文・ワークシート作成問題

ここで前きめる!

- ● ワークシートの先読みが重要!!
- ● 何の情報が問われるかを先に予測する!!
- ● 最後の問題はグラフの読み取りに注意する!!

第5問の全体像をつかむ

ここが問われる！
講義をもとにワークシートの空欄を埋めていく問題が出題‼

ここできめる！
● ワークシートの先読みが重要‼
● 何の情報が問われるかを先に予測する‼
● 最後の問題はグラフの読み取りに注意する‼

第5問の配点を教えてください。

　第5問は合計で7問です。**配点は、問27が3点、問28と問29は両方正解で2点、問30と問31は両方正解で2点、問32、問33はそれぞれ4点になります。第5問でリスニング全体の100点中15点**になります。

第5問では、どんな力が必要とされますか？

　第5問では、**メリハリをつけて音声を聞き取る力、全体を理解して選択肢と照らし合わせる力、グラフと英語表現を照合する力**が必要とされます。

第5問で高得点を取るには、どうしたらよいですか？

　まずは、**ワークシートの先読みが重要**です。空所に入るのがどのような内容なのかを先読みでチェックすることで、リスニングにメリハリが生まれます。それによって、正答率がぐんと高まることに

なるでしょう。問32は、全体の内容理解と、消去法が重要です。
問33は、一見すると難しいですが、実際はそんなに難しくありま
せん。たいていは、あとから流れる音声の内容に関係なく、**グラフ
の読み取りだけで正解できる問題が多い**からです。およそ**グラフの
読み取り8割、本文の内容2割で解答できる**ものと思ってください。

第 5 問 の ま と め

- 第5問は、あるテーマに関する講義が英語で流れて、それをもと
  に**ワークシートの空欄を埋めていく問題**。共通テストリスニング
  の最大の難所だが、コツをつかめば得点源にもなる。
- 配点はリスニング全体の**100点中15点**。
- 第5問では、メリハリをつけて音声を聞き取る力、全体を理解し
  て選択肢と照らし合わせる力、グラフと英語表現を照合する力が
  必要とされる。
- **ワークシートの先読みが重要**で、次の「先読みのコツを知る」で
  紹介する。

1人による講義文・ワークシート作成問題

STEP 1 先読みのコツを知る

第5問 (配点 15) **音声は1回流れます。**

第5問は問27から問33までの7問です。

最初に講義を聞き，**問27**から**問32**に答えなさい。次に続きを聞き，**問33**に答えなさい。状況，ワークシート，問い及び図表を読む時間が与えられた後，音声が流れます。

①　全体のテーマをチェックします。

状況

　あなたは大学で，アジアゾウに関する講義を，ワークシートにメモを取りながら聞いています。

③　27にはアジアゾウの特徴が入ると判断します。生息地の次に特徴が出ると予測して集中して聞き取ります。

ワークシート

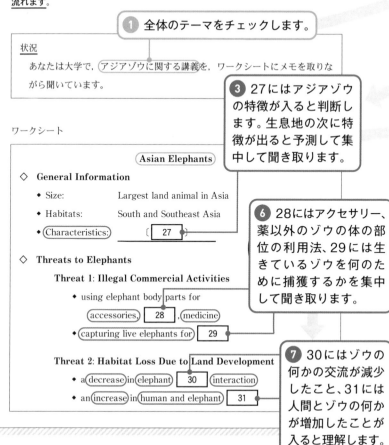

Asian Elephants

◇　**General Information**

- Size:　　　　　Largest land animal in Asia
- Habitats:　　　South and Southeast Asia
- Characteristics:　　　[　27　]

◇　**Threats to Elephants**

Threat 1: Illegal Commercial Activities

- using elephant body parts for
  accessories, 　28　, medicine
- capturing live elephants for 　29　

Threat 2: Habitat Loss Due to Land Development

- a decrease in elephant 　30　 interaction
- an increase in human and elephant 　31　

⑥　28にはアクセサリー、薬以外のゾウの体の部位の利用法、29には生きているゾウを何のために捕獲するかを集中して聞き取ります。

⑦　30にはゾウの何かの交流が減少したこと、31には人間とゾウの何かが増加したことが入ると理解します。

※番号の順に従って、チェックしましょう。

2 空所の27にとびます。

問27　ワークシートの空欄 27 に入れるのに最も適切なものを，四つの選択肢 (①〜④) のうちから一つ選びなさい。

① Aggressive and strong

② Cooperative and smart

③ Friendly and calm

④ Independent and intelligent

4 問27の選択肢はさっと目を通します。28〜31は選択肢を見ないで、32に進みます。

5 空所の28〜31にとびます。

問28〜31　ワークシートの空欄 28 〜 31 に入れるのに最も適切なものを，六つの選択肢 (①〜⑥) のうちから一つずつ選びなさい。選択肢は2回以上使ってもかまいません。

8 時間の許す限り問32の選択肢を先読みします。選択肢に目を通しているうちに音声が始まったら、ワークシートに戻って聞き取りに集中します。

① clothing　　② cosn

④ friendship　　⑤ grou

問32　講義の内容と一致するものはどれか。最も適切なものを，四つの選択肢 (①〜④) のうちから一つ選びなさい。 32

① Efforts to stop illegal activities are effective in allowing humans to expand their housing projects.

② Encounters between different elephant groups are responsible for the decrease in agricultural development.

③ Helping humans and Asian elephants live together is a key to preserving elephants' lives and habitats.

④ Listing the Asian elephant as an endangered species is a way to solve environmental problems.

第5問はさらに続きます。

問33　グループの発表を聞き、次の図から読み取れる情報と講義全体の内容からどのようなことが言えるか、最も適切なものを、四つの選択肢（⓪～④）のうちから一つ選びなさい。　33

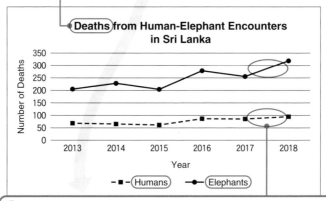

⑩ 問33はグラフの読み取りが最重要です。グラフから、ゾウの死亡数が増加、人間の死亡数は横ばいと把握します。

⓪ Efforts to protect endangered animals have increased the number of elephants in Sri Lanka.

② Monitoring illegal activities in Sri Lanka has been effective in eliminating elephant deaths.

③ Sri Lanka has not seen an increase in the number of elephants that have died due to human-elephant encounters.

④ Steps taken to protect elephants have not produced the desired results in Sri Lanka yet.

（令和5年度　本試験）

これで第5問は終わりです。

＊それでは、次のページから自分で先読みをして、実際に問題を解いてみよう！

第5問 （配点 15） 音声は1回流れます。

第5問は**問 27**から**問 33**までの7問です。

最初に講義を聞き，**問 27**から**問 32**に答えなさい。次に続きを聞き，**問 33**に答えなさい。<u>状況，**ワークシート**，問い及び図表を読む時間が与えられた後，音声が流れます。</u>

> <u>状況</u>
>
> あなたは大学で，アジアゾウに関する講義を，ワークシートにメモを取りながら聞いています。

ワークシート

Asian Elephants

◇ **General Information**

- ◆ Size: Largest land animal in Asia
- ◆ Habitats: South and Southeast Asia
- ◆ Characteristics: 〔   27   〕

◇ **Threats to Elephants**

    Threat 1: Illegal Commercial Activities

- ◆ using elephant body parts for

     accessories, | 28 | , medicine

- ◆ capturing live elephants for | 29 |

    Threat 2: Habitat Loss Due to Land Development

- ◆ a decrease in elephant | 30 | interaction
- ◆ an increase in human and elephant | 31 |

問27 ワークシートの空欄 $\boxed{27}$ に入れるのに最も適切なものを，四つの選択肢 $\left(\text{①}\sim\text{④}\right)$ のうちから一つ選びなさい。

① Aggressive and strong

② Cooperative and smart

③ Friendly and calm

④ Independent and intelligent

問28～31 ワークシートの空欄 $\boxed{28}$ ～ $\boxed{31}$ に入れるのに最も適切なものを，六つの選択肢 $\left(\text{①}\sim\text{⑥}\right)$ のうちから一つずつ選びなさい。選択肢は2回以上使ってもかまいません。

① clothing　　　② cosmetics　　　③ deaths

④ friendship　　⑤ group　　　　⑥ performances

問32 講義の内容と一致するものはどれか。最も適切なものを，四つの選択肢 $\left(\text{①}\sim\text{④}\right)$ のうちから一つ選びなさい。 $\boxed{32}$

① Efforts to stop illegal activities are effective in allowing humans to expand their housing projects.

② Encounters between different elephant groups are responsible for the decrease in agricultural development.

③ Helping humans and Asian elephants live together is a key to preserving elephants' lives and habitats.

④ Listing the Asian elephant as an endangered species is a way to solve environmental problems.

第5問はさらに続きます。

問33 グループの発表を聞き，**次の図から読み取れる情報と講義全体の内容からど**のようなことが言えるか，最も適切なものを，四つの選択肢(①~④)のうちから一つ選びなさい。 33

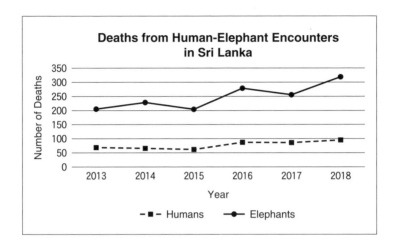

① Efforts to protect endangered animals have increased the number of elephants in Sri Lanka.

② Monitoring illegal activities in Sri Lanka has been effective in eliminating elephant deaths.

③ Sri Lanka has not seen an increase in the number of elephants that have died due to human-elephant encounters.

④ Steps taken to protect elephants have not produced the desired results in Sri Lanka yet.

（令和5年度　本試験）

これで第5問は終わりです。

解説

▶▶　**読み上げられた英文と全訳**

Questions No.27 to 32

【第1段落】

　Today, our topic is the Asian elephant, the largest land animal ❶in Asia. ❷They are found across South and Southeast Asia. Asian elephants are sociable animals that usually live in groups and are known for helping each other. They are also intelligent and have the ability to use tools.

【第2段落】

　The Asian elephant's population has dropped ❸greatly over the last 75 years, even though this animal is listed as endangered. Why has this happened? One reason for this decline is illegal human activities. Wild elephants have long been killed for ivory. But now, there is a developing market for other body parts, including skin and tail hair. These body parts are used for accessories, skin care products, and even medicine. Also, the number of wild elephants caught illegally is increasing because performing elephants are popular as tourist attractions.

【第3段落】

　Housing developments and farming create other problems for elephants. Asian elephants need large areas to live in, but these human activities have reduced their natural habitats and created barriers between elephant groups. As a result, there is less contact between elephant groups and their numbers are declining. Also, many elephants are ❹forced to live close to humans, resulting in deadly incidents for both humans and elephants.

【第4段落】

What actions ⑤have been taken to improve the Asian elephant's future? People are forming patrol units and other groups that watch for illegal activities. People are also making new routes to connect ⑥elephant habitats, and are constructing fences around local living areas to protect both people and elephants.

【第5段落】

Next, let's ⑦look at the current situation for elephants in different Asian countries. Each group will give its report to the class.

【第1段落】

今日私たちが取り上げるトピックは、アジアで最大の陸生動物であるアジアゾウです。アジアゾウは、南アジアと東南アジア全体に生息します。アジアゾウは社交的な動物で、通常は集団で生活して、お互いに助け合うことで有名です。また、知能が高く、道具を使うことができます。

【第2段落】

アジアゾウは、絶滅危惧種に登録されているけれども、ここ75年の間に、個体数が大きく減少しました。なぜこのようなことが起こったのでしょうか。この減少の理由の1つは、違法な人間の活動です。野生のゾウは長い間、象牙のために殺されてきました。しかし今では、皮膚やしっぽの毛を含めた、他の身体の部位の市場が拡大しています。こうした身体の部位は、アクセサリー、スキンケア商品、そして薬にすら使われます。また、違法にとらえられた野生のゾウの数が増えているのは、芸をするように仕込まれたゾウが、観光アトラクションとして人気だからです。

【第3段落】

住宅開発と農業が、ゾウの他の問題を作り出します。アジアゾウは、大きな生活用地を必要としていますが、これらの人間の活動は、ゾウの生息地を減らして、ゾウの集団の間に障壁を作り出しています。結果として、ゾウの集団の接触が減り、その個体数が減少して

います。また、多くのゾウが人間の近くで生活せざるを得ないので、人間とゾウの両方に致命的な事故が起こってしまいます。

【第4段落】

　アジアゾウの未来を改善するのに、どんな対策が取られてきたのでしょうか。人間は、違法活動を見張るパトロール隊や他の集団を結成しています。人間はまた、ゾウの生息地同士をつなぐ新しい経路を作り、人間とゾウの両方を守るために、地域の生息地の周りにフェンスを建設しているところです。

【第5段落】

　次に、さまざまなアジア諸国の、ゾウの現状を見てみましょう。各グループが、その報告をクラスに行います。

■　ワークシートの訳

アジアゾウ

◇　**概要**

- ◆ 大きさ：　　　　アジアで最大の陸生動物
- ◆ 生息地：　　　南アジアと東南アジア
- ◆ 特徴　　　：　〔　**27**　〕

◇　**ゾウへの脅威**

脅威1：違法な商業活動

- ◆ ゾウの身体の部位の用途
  アクセサリー、　**28**　、薬
- ◆ 生きたゾウを　**29**　のために捕獲する

脅威2：土地開発による生息地の喪失

- ◆ ゾウの　**30**　交流の減少
- ◆ 人間とゾウの　**31**　の増加

聞き取りのコツ

❶ in と Asia がつながり【インエイジャ】のように読まれています。

❷ They と are がつながり found の d がストップ D で【ゼイァ ファウン（ドゥ）アクウォス】のように読まれています。

❸ greatly の t がストップ T で【グウェイ（トゥ）リィ】のように読まれています。

❹ forced と to がつながり【フォーストゥリヴ】のように読まれています。

❺ have と been がつながり【ハヴィン】のように読まれています。

❻ elephant の t が脱落して【エレファンハビタッツ】のように読まれています。

❼ look、at、the がつながり、current の t がストップ T で【ルッカッザ カーウェン（トゥ）スィチュエイシャン】のように読まれています。

■ 語彙リスト

☐ topic「話題」	☐ elephant「ゾウ」
☐ sociable「社交的な」	☐ intelligent「知的な」
☐ tool「道具」	☐ population「個体数」
☐ greatly「大きく」	☐ list「掲載する」
☐ endanger「危険にさらす」	☐ decline「減少」
☐ illegal「違法な」	☐ ivory「象牙」
☐ market「市場」	☐ including「〜を含めた」
☐ tail「尾」	☐ accessory「アクセサリー」
☐ skin care product「スキンケア商品」	☐ medicine「薬」
☐ performing「芸をするように仕込まれた」	☐ tourist「観光客」
☐ attraction「呼び物」	☐ housing「住宅の」
☐ development「開発」	☐ habitat「生息地」
☐ barrier「障壁」	☐ as a result「結果として」

第5問

1人による講義文・ワークシート作成問題

257

☐ contact「接触」	☐ be forced to do「～せざるを得ない」
☐ close to「～に近い」	☐ result in「～に終わる」
☐ deadly「致命的な」	☐ incident「事件」
☐ form「形成する」	☐ unit「隊」
☐ route「経路」	☐ connect「つなげる」
☐ construct「建設する」	☐ protect「守る」
☐ current「現在の」	☐ situation「状況」
☐ report「報告」	

問27　[27]　やや難

① 攻撃的で強い

② 協力的で賢い

*③ 友好的で穏やか　間違いやすい選択肢！

④ 自立していて知能が高い

得点力アップの POINT 28　第5問はワークシートの先読みが最重要！

　第5問は共通テストリスニングの最大の難所ですが、コツをつかめば得点源にもなります。最初のコツは、**ワークシートを先読みして英語音声の聞き取るべき箇所を限定することです**。これをすれば、第5問の半分以上の問題が解答できますから、最大の難関を一気に乗り越えることができます。

---

　[27]には、ワークシートから「**アジアゾウの特徴**」に関する記述が入るとわかるので、音声からその情報を聞き取ります。第1段落第3・4文 Asian elephants are sociable animals that usually live in groups and are known for **helping each other**. They are also **intelligent** and have the ability to use tools. から、「社交的で集団生活をして、お互いを助け合い、知能が高く、道具を使える」ことがわかります。よって、**Aggressive**「攻撃的な」とい

う①は正解の候補から外します。④もintelligentは正しいですが、Independent「自立した」は「集団生活をする」という表現に反するので、正解にはなりません。

正解の候補を②、③に絞りますが、③Friendly「友好的な」は「集団生活」や「お互いに助け合う」から推測できても、calm「穏やかな」は言及されていないので、正解にはなりません。②のCooperativeはhelping each otherを言い換えたもので、smartはintelligentを言い換えたものなので、これが正解になります。

問28・29　28 ・ 29 （やや難）

① 衣服　　② **化粧品**　　③ 死亡
④ 友情　　⑤ グループ　　⑥ **演技**

ワークシートから、28 には「アクセサリー、薬以外でゾウの身体の部位を利用する方法」が入るとわかります。第2段落第6文 These body parts **are used for accessories, skin care products, and even medicine**.「こうした身体の部位は、**アクセサリー、スキンケア商品、そして薬にすら使われます**」から、「スキンケア商品」が入るとわかるので、それを置き換えた②が正解です。本文のskin care productsが選択肢②のcosmeticsにパラフレーズされていることを理解しましょう。

29 は、ワークシートから「生きたゾウを捕獲する目的」が入ると判断できます。ワークシートの上にあるアクセサリーなどに必要な身体の部位以外の内容になるので、音声を聞いている際にも、この話のあとを集中して聞き取ります。第2段落最終文 Also, the number of wild elephants caught illegally is increasing because **performing elephants are popular as tourist attractions**.「また、違法にとらえられた野生のゾウの数が増えているのは、芸をするように仕込まれたゾウが、観光アトラクション

として人気だからです」から、 29 には⑥が入るとわかります。performing elephantsが一瞬何を意味するのかわからないせいで難しいですが、あとで出てくるtourist attractionsから、サーカスなどで登場するゾウをイメージすればよいでしょう。

28 だけを考えると、問題レベルは 易 としてもよいのですが、 29 が難しいので やや難 としました。

問30・31　 30 ・ 31 　標
① 衣服　　　② 化粧品　　　③ **死亡**
④ 友情　　　⑤ **グループ**　　⑥ 演技

30 には、ワークシートから「ゾウの何かの交流が減った」という内容が入るとわかります。第3段落第3文 As a result, there is less contact between elephant groups and their numbers are declining.「結果として、**ゾウの集団の接触が減り**、その個体数が減少しています」から、 30 には⑤が入るとわかります。

31 には、ワークシートから「人間とゾウの何かが増加した」とわかるので、集中して聞き取ります。第3段落最終文 Also, many elephants are forced to live close to humans, resulting in deadly incidents for both humans and elephants.「また、多くのゾウが人間の近くで生活せざるを得ないので、**人間とゾウの両方に致命的な事故が起こってしまいます**」から、③が 31 に入るとわかります。本文のdeadly「致命的な」から、③を推測して解答しましょう。

問32　 32 　やや難
① 違法活動を止める努力は、人間が自分たちの住宅計画を拡大できるようにするのに効果的だ。
② 異なるゾウのグループの遭遇が原因で、農業開発が減少する。

③ 人間とアジアゾウの共存を助けることは、ゾウの命と生息地の両方を維持するのに重要だ。

*④ アジアゾウを絶滅危惧種に登録することは、環境問題を解決する1つの方法だ。間違いやすい選択肢！

　問32は先読みが難しいので、本文の重要なポイントのメモを取ることと消去法を使って、解答の精度を上げるしかありません。①から見ていくと、Efforts to stop illegal activities「違法活動を止める努力」に関しては、第4段落第2文で言及されていますが、それに関して①にあるようにeffective「効果的だ」とは言われていません。かつ、in allowing humans to expand their housing projects「人間が自分たちの住宅計画を拡大できるようにするのに」も、「違法活動を止める努力」との関連性は書かれていないので、正解の候補から外します。

　続いて、②はthe decrease in agricultural development「農業開発の減少」に関する言及が本文にありません。第3段落第1文 Housing developments and farming create other problems for elephants.「住宅開発と農業が、ゾウの他の問題を作り出します」とあるだけで、やはり農業開発が減少するとは言っていないので、正解の候補から外します。

　次に、③は、第4段落第2・3文の内容と合致します。第2文の「違法活動を見張るパトロール隊の結成」や第3文後半の「フェンスの建設」は、人間とゾウの共存をはかるものと推測できます。第3文前半の「ゾウの生息地同士をつなぐ新しい経路の作成」も、ゾウの生息地を守るためのものなので、やはり③が正解になります。

　最後に④は、第2段落第1文 this animal is listed as endangered「この動物（アジアゾウ）は、絶滅危惧種に登録されている」から、④のListing the Asian elephant as an endangered species「ア

ジアゾウを絶滅危惧種に登録すること」は問題ないとわかります。一方で、④の述語部分にある**a way to solve environmental problems**「環境問題を解決する1つの方法」が、本文中に言及がないので、正解にはなりません。④が最も間違いやすい選択肢だったことでしょう。

▶▶ **読み上げられた英文と訳**

Question No.33

Our group studied deadly encounters between humans and elephants in Sri Lanka. In other countries, like India, many more people than elephants **❶die in these** encounters. By contrast, similar efforts in Sri Lanka show a different trend. Let's **❷take a look at the** graph and the data we found.

　私たちのグループは、スリランカで人間とゾウの接触死亡事故を調査しました。インドなど他の国では、ゾウよりずっと多くの人がこうした接触事故で亡くなっています。対照的に、スリランカでは、同じような試みが異なる傾向を示しています。私たちが発見したグラフとデータを見てみましょう。

◤ グラフの訳

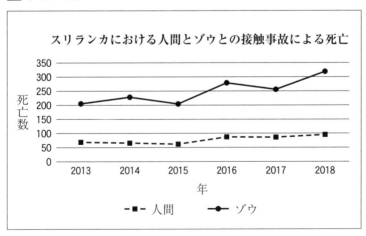

 **聞き取りのコツ**

❶ die、in、these がつながり【ダィィンニーズ】のように読まれて います。

❷ take、a、look、at、the がつながり【テイクァルックァッザ】の ように読まれています。

■ **語彙リスト**

□ encounter「遭遇」　　　　　　　□ by contrast「対照的に」

□ similar「似たような」　　　　　　□ effort「努力」

□ trend「傾向」

問33　 33 　やや難

① 絶滅危惧種の動物を保護する努力によって、スリランカのゾウ の数が増えている。

② スリランカの違法活動を監視することは、ゾウの死をなくすこ とに効果的だ。

*③ スリランカでは、人間とゾウの接触事故で亡くなったゾウの数 が増えていない。間違いやすい選択肢！

④ ゾウを保護するためにとった手段は、スリランカではまだ望ん だ結果を生み出していない。

得点力アップの POINT 29　第5問の問33は、グラフの読み取りが重要！

第5問の最後の問題は、今までの出題パターンでは、**後半で流れ る音声以上に、グラフの読み取りが重要**になることがあります。

　①は、グラフではゾウの死亡数が増えており、数が増えているこ とは読み取れません。②も、グラフからゾウの死亡数が増えている ので、ゾウの死をなくすことに効果的とは読み取れません。③も、

グラフのゾウの死亡数の増加と矛盾する内容になります。グラフでは、人間の死亡数は横ばいですが、ゾウの死亡数は増えていることがわかり、望んだ結果を生み出しているとは言えないので、④が正解になります。

＊次からは先読みのコツは、問題を解いたあとに掲載してあります。

第
5
問

1人による講義文・ワークシート作成問題

第5問 （配点 15） 音声は1回流れます。

第5問は問 27 から問 33 までの7問です。

最初に講義を聞き，問 27 から問 32 に答えなさい。次に続きを聞き，問 33 に答えなさい。状況，ワークシート，問い及び図表を読む時間が与えられた後，音声が流れます。

状況

　あなたは大学で，美術館のデジタル化についての講義を，ワークシートにメモを取りながら聞いています。

ワークシート

Art in the Digital Age

○**Impact of Digital Technology on Art Museums**

Digital art museums are changing how people interact with art because art museums ⬜ 27 .

○**Distinct Features of Digital Art Museums**

Benefits to museums	Benefits to visitors
◆ potential increase in the number of visitors	◆ easier access ◆ flexible ⬜ 28 ◆ detailed ⬜ 29

Challenges for museums
The need for: 　◆ enthusiastic ⬜ 30 　◆ digital specialists 　◆ increased ⬜ 31

問27 ワークシートの空欄 | 27 | に入れるのに最も適切なものを，四つの選択肢
(①～④)のうちから一つ選びなさい。

① are no longer restricted to physical locations

② can now buy new pieces of artwork online

③ do not have to limit the types of art created

④ need to shift their focus to exhibitions in buildings

問28～31 ワークシートの空欄 | 28 | ～ | 31 | に入れるのに最も適切なもの
を，六つの選択肢(①～⑥)のうちから一つずつ選びなさい。選択肢は2回以上
使ってもかまいません。

① artists   ② budget   ③ directors

④ information   ⑤ physical paintings   ⑥ visiting time

問32 講義の内容と一致するものはどれか。最も適切なものを，四つの選択肢
(①～④)のうちから一つ選びなさい。 | 32 |

① More art museums are planning to offer free services on site for visitors with seasonal passes.

② Museums may need to maintain both traditional and online spaces to be successful in the future.

③ One objective for art museums is to get younger generations interested in seeing exhibits in person.

④ The production of sustainable art pieces will provide the motivation for expanding digital art museums.

第5問はさらに続きます。

問33 グループの発表を聞き，<u>次の図から読み取れる情報と講義全体の内容から</u>どのようなことが言えるか，最も適切なものを，四つの選択肢（①〜④）のうちから一つ選びなさい。 33

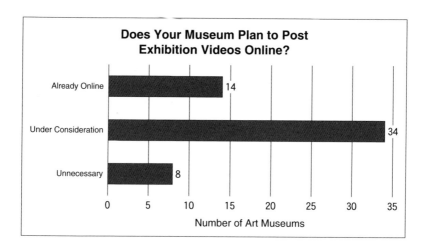

① As visitors want to see art in person, 14 museums decided that putting exhibition videos online is unnecessary.

② Despite problems in finding money and staff, more than 10 museums have already put their exhibition videos online.

③ Eight museums are putting exhibition videos online, and they will put their physical collections in storage.

④ Most of the 56 museums want to have exhibition videos online because it takes very little effort and the cost is low.

（令和5年度　追・再試験）

これで第5問は終わりです。

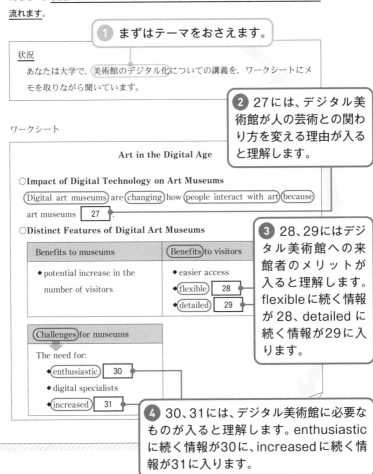

きめる! KIMERU SERIES

先読みのコツを知る

※番号の順に従って、チェックしましょう。

第 5 問 (配点 15) **音声は 1 回流れます。**

第 5 問は問 27 から問 33 までの 7 問です。

最初に講義を聞き，問 27 から問 32 に答えなさい。次に続きを聞き，問 33 に答えなさい。状況，ワークシート，問い及び図表を読む時間が与えられた後，音声が流れます。

① まずはテーマをおさえます。

状況

あなたは大学で，美術館のデジタル化についての講義を，ワークシートにメモを取りながら聞いています。

② 27には、デジタル美術館が人の芸術との関わり方を変える理由が入ると理解します。

ワークシート

Art in the Digital Age

○**Impact of Digital Technology on Art Museums**

Digital art museums are changing how people interact with art because art museums 　27　 .

○**Distinct Features of Digital Art Museums**

Benefits to museums	Benefits to visitors
◆ potential increase in the number of visitors	◆ easier access ◆ flexible 　28　 ◆ detailed 　29

Challenges for museums
The need for: ◆ enthusiastic 　30　 ◆ digital specialists ◆ increased 　31

③ 28、29にはデジタル美術館への来館者のメリットが入ると理解します。flexible に続く情報が 28、detailed に続く情報が29に入ります。

④ 30、31には、デジタル美術館に必要なものが入ると理解します。enthusiastic に続く情報が30に、increased に続く情報が31に入ります。

問27 ワークシートの空欄 [27] に入れるのに最も適切なものを，四つの選択肢
（①～④）のうちから一つ選びなさい。

5 問27の選択肢は
さっと目を通します。
28～31は見ないで、
32に進みましょう。

① are no longer restricted to physical locations

② can now buy new pieces of artwork online

③ do not have to limit the types of art created

④ need to shift their focus to exhibitions in buildings

問28～31 ワークシートの空欄 [28] ～ [31] に入れるのに最も適切なもの
を，六つの選択肢（①～⑥）のうちから一つずつ選びなさい。選択肢は2回以上
使ってもかまいません。

① artists   ② budget   ③ directors

④ information   ⑤ physical paintings   ⑥ visiting time

問32 講義の内容と一致するものはどれか。最も適切なものを，四つの選択肢
（①～④）のうちから一つ選びなさい。 [32]

① More art museums are planning to offer free services on site for visitors
with seasonal passes.

② Museums may need to maintain both traditional and online spaces to be
successful in the future.

③ One objective for art museums is to get younger generations interested
in seeing exhibits in person.

④ The production of sustainable art pieces will provide the motivation for
expanding digital art museums.

第5問はさらに続きます。

6 時間の許す限り問32の選択肢を先読みします。選択肢
に目を通しているうちに音声が始まったら、ワークシート
に戻って聞き取りに集中します。

7 先読みの時間はないので、音声がスタートしたら集中して聞き取り、グラフの読み取りと選択肢の吟味に集中してください。

問33 グループの発表を聞き，<u>次の図から読み取れる情報と講義全体の内容から</u>どのようなことが言えるか，最も適切なものを，四つの選択肢(①~④)のうちから一つ選びなさい。 33

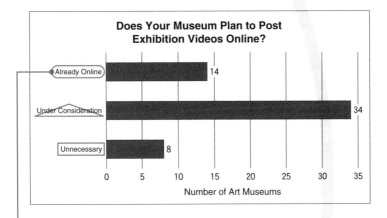

Does Your Museum Plan to Post Exhibition Videos Online?

- Already Online: 14
- Under Consideration: 34
- Unnecessary: 8

Number of Art Museums

① As visitors want to see art in person, 14 museums decided that putting exhibition videos online is unnecessary.

② Despite problems in finding money and staff, more than 10 museums have already put their exhibition videos online.

③ Eight museums are putting exhibition videos online, and they will put their physical collections in storage.

④ Most of the 56 museums want to have exhibition videos online because it takes very little effort and the cost is low.

（令和5年度　追・再試験）

これで第5問は終わりです。

8 問33はグラフの読み取りが最重要です。グラフから、展示映像のオンライン化を実行中が14、検討中が34、不必要が8と理解します。

解答・解説 1

解説

▶▶　読み上げられた英文と訳

Questions No.27 to 32

【第1段落】

　Today, we're going to focus on art in the digital age. With advances in technology, how people view art is changing. In ❶recent years, some art collections ❷have been put online to create "digital art museums." Why are art museums moving to digital spaces?

【第2段落】

　One reason ❸has to do with visitor access. In digital museums, visitors can experience art without the limitation of physical spaces. If museums are online, more people can make virtual visits to them. Also, as online museums never close, visitors can stay for as long as they like! Another reason ❹is related to how collections are displayed. Online exhibits enable visitors to watch videos, see the artwork from various angles, and use interactive features. This gives visitors much more specific information ❺about each collection.

【第3段落】

　Putting collections online takes extra effort, time, and money. First, museum directors ❻must be eager to try this new ❼format. Then, they have to take the time to hire specialists and raise the money to buy the necessary technology. Of course, many people might still want to see the actual pieces themselves. These factors are some reasons why ❽not all museums are ❾adding an online format.

【第4段落】

Many art museums ⑩have been offering digital versions of their museums for free, but this system might change in the future. Museums will probably ⑪need to depend on income from a hybrid style of both in-person and online visitors. This kind of income could enable them to remain financially sustainable for future generations. Now, let's do our presentations. Group 1, start ⑫when you are ready.

【第1段落】

　今日は、デジタル時代の芸術を取り上げていきます。テクノロジーの進歩によって、人々の芸術の見方が変化しています。近年、美術コレクションの中には、オンライン化されて「デジタル美術館」が作られているものもあります。なぜ美術館がデジタル空間に移行しているのでしょうか。

【第2段落】

　1つの理由は、来館者の利用方法と関係があります。デジタル美術館では、来館者は物理的な空間の制限なしに、芸術を体験できます。もし美術館がネット上にあるなら、より多くの人がそこに仮想訪問できます。また、オンライン美術館は決して閉まらないので、来館者は好きなだけ滞在できます！　もう1つの理由は、コレクションの展示方法と関係しています。オンラインでの展示のおかげで、来館者は映像を見たり、さまざまな角度から芸術作品を見たり、双方向にやり取りできる特性を利用できます。これによって、来館者は各コレクションに関するずっと詳細な情報を手に入れられます。

【第3段落】

　美術コレクションをオンライン化するには、余分な労力、時間、お金がかかります。初めに、美術館の責任者がこの新しい形式を試すのに熱心でなければなりません。それから、彼らは時間を取って、専門家を雇い、お金を集めて必要なテクノロジーを購入しなければなりません。もちろん、実際の作品を直接見てみたいと思う人もまだまだ多いかもしれません。すべての美術館がオンライン方式を追

加するわけではない理由の一部として、これらの要因が挙げられます。

【第4段落】

　多くの美術館が無料でその美術館のデジタル版を提供してきましたが、このシステムは将来変わるかもしれません。美術館は、おそらく直接の来館者とオンライン来館者の両方からの収入に頼る必要があるでしょう。この種の収入のおかげで、将来の世代のために、美術館を財政的に維持できるようになるでしょう。では、プレゼンテーションを始めましょう。グループ1のみなさん、準備ができたら始めてください。

■　ワークシートの訳

デジタル時代の芸術

○ **デジタル技術の美術館への影響**

　デジタル美術館は人の芸術との関わり方に影響を与えている、なぜなら美術館は　27　。

○ **デジタル美術館の際立った特徴**

美術館の利益	来館者の利益
◆ 訪問者数の増加の可能性	◆ より簡単なアクセス ◆ 柔軟な　28 ◆ 詳細な　29

博物館の課題
必要なもの： ◆ 熱心な　30 ◆ デジタルの専門家 ◆　31　の増加

聞き取りのコツ

❶ recent の t がストップ T で 【**ウィースン(トゥ)イァーズ**】 のように読まれています。

❷、❿ have と been がつながり 【**ハヴビン**】 のように読まれています。

❸ has to do with がひとカタマリで with の th が飲み込まれて 【**ハストゥドゥウィ(ズ)**】 のように読まれています。

❹ related と to がつながり 【**イズ ウィレイティットゥ**】 のように読まれています。

❺ about の t がストップ T で 【**アバウ(トゥ)**】 のように読まれています。

❻ must の t が脱落して be とつながり 【**マスビィ**】 のように読まれています。

❼ format の t がストップ T で 【**フォーマッ(トゥ)**】 のように読まれています。

❽ not と all がつながり 【**ナッオーゥ**】 のように読まれています。

❾ adding の g が脱落してつながり format の t がストップ T で 【**アディンァンオンラインフォーマッ(トゥ)**】 のように読まれています。

⓫ need の d が脱落して to とつながり 【**ニートゥデペンドゥ**】 のように読まれています。

⓬ when と you がつながり 【**ウェニュァウェディ**】 のように読まれています。

◢ 語彙リスト

【第1段落】

☐ focus on 「~に焦点を当てる」	☐ digital 「デジタルの(コンピューターの)」
☐ advance 「進歩」	☐ recent 「最近の」
☐ collection 「コレクション」	☐ online 「オンライン上で」
☐ art museum 「美術館」	☐ space 「空間」

【第2段落】

☐ have to do with「〜と関係がある」	☐ visitor「訪問者」
☐ limitation「制限」	☐ physical「物理的な」
☐ virtual「仮想の」	☐ as long as「〜する間は」
☐ be related to「〜と関係している」	☐ display「展示する」
☐ exhibit「展示会」	
☐ S enable O to do「SのおかげでOが〜できる」	
☐ artwork「芸術作品」	☐ angle「角度」
☐ interactive「双方向の」	☐ feature「特性」
☐ specific「詳しい」	

【第3段落】

☐ extra「追加の」	☐ effort「労力」
☐ director「責任者」	☐ be eager to do「熱心に〜する」
☐ format「形式」	☐ hire「雇用する」
☐ specialist「専門家」	☐ raise「集める」
☐ actual「実際の」	☐ factor「要因」
☐ add「追加する」	

【第4段落】

☐ for free「無料で」	☐ depend on「〜に頼る」
☐ income「収入」	☐ hybrid「混合の」
☐ in-person「直接の」	☐ remain「〜のままである」
☐ financially「財政的に」	☐ sustainable「維持できる」
☐ generation「世代」	☐ presentation「プレゼンテーション」

問27　27　易

① もはや物理的な場所に制限されない

② 今はオンラインで新しい芸術作品を購入できる

③ 創作される芸術作品の種類を制限しなくてもよい

④ 焦点を建物内の展示に移す必要がある

　　27　には、ワークシートから「**デジタル美術館が人の芸術との関わり方を変えている理由**」が入るとわかります。第1段落最終文 Why are art museums moving to digital spaces?「なぜ美術館がデジタル空間に移行しているのでしょうか」に対する答えが、第2段落から始まるので、集中して聞き取ります。1つ目の理由である visitor access を具体化した、第2段落第2文 In digital museums, visitors can **experience art without the limitation of physical spaces**.「デジタル美術館では、来館者は**物理的な空間の制限なしに、芸術を体験できます**」から、①**が正解**になります。

　　本文は、要するに「**デジタル美術館なら建物の大きさや部屋の広さに制限されず、芸術を鑑賞できる**」という内容です。①は、　27　の主語である art museums と合わせると「**美術館はもはや物理的な場所に制限されない**」という意味になりますが、これは上記と同じ趣旨なので、①が正解になります。**本文の without the limitation が①の no longer restricted に、本文の physical spaces が①の physical locations にパラフレーズされている**ことを理解しましょう。

　　他の選択肢は本文で言及されていないので、正解にはなりません。

問28・29　28・29　易

① 芸術家　　　② 予算　　　　　③ 責任者

④ **情報**　　　⑤ 実態のある絵画　⑥ **来館時間**

ワークシートから、 28 には「デジタル美術館の長所」が入ることと、flexible に続く単語が入ることがわかります。第2段落第4文 Also, as online museums never close, **visitors can stay for as long as they like!**「また、オンライン美術館は決して閉まらないので、**来館者は好きなだけ滞在できます！**」から、⑥を 28 に入れて「柔軟な**来館時間**」と推測できるので、⑥**が正解**になります。

　 29 は、ワークシートから「デジタル美術館の長所で『詳細な』に続く言葉」が入るとわかります。第2段落最終文 This gives visitors **much more specific information** about each collection.「これによって、来館者は各コレクションに関する**ずっと詳細な情報**を手に入れられます」から、 29 には④が入るとわかります。本文の**specific がワークシートでは detailed にパラフレーズされている**ことを理解しましょう。

問30・31　 30 ・ 31 　やや難
① 芸術家　　　**② 予算**　　　**③ 責任者**
④ 情報　　　　⑤ 実態のある絵画　　⑥ 来館時間

　 30 には、ワークシートから「**デジタル美術館に必要な、熱心な何か**」が入るとわかります。enthusiastic に続く表現であることも確認します。第3段落第2文 First, **museum directors must be eager to try** this new format.「初めに、**美術館の責任者**がこの新しい形式を試すのに、**熱心でなければいけません**」から、③が 30 に入ると判断します。**be eager という形が 30 を修飾する enthusiastic にパラフレーズされている**ことに気づかないといけないので、かなり難しい問題と言えるでしょう。もっとも、enthusiastic に続く可能性のある選択肢は①、③しかありません。①は本文では言及されていないので、消去法から③と判断してもよいでしょう。

31 には、ワークシートから「デジタル美術館に必要な、増やされた何か」が入るとわかります。第3段落第1文で「デジタル美術館には**追加のお金**がかかる」とあり、第3文でも **raise the money**「お金を集める」必要があると言っているので、**②が入る**とわかります。

問32 32 〔標〕

① シーズン券を持った訪問者に施設内では無料サービスを提供する計画の美術館が増えている。

② **美術館は将来成功するために、従来型とオンラインの両方の空間を維持する必要があるかもしれない。**

③ 美術館の1つの目的は、若い世代に直接展示を見ることにもっと興味を持たせることだ。

*④ 持続可能な芸術作品を生み出すことは、デジタル美術館を広めるモチベーションを提供するだろう。間違いやすい選択肢！

　第4段落第2文 Museums will probably need to depend on income from a hybrid style of **both in-person and online visitors**.「美術館は、おそらく直接の**来館者**とオンライン来館者の両方からの収入に頼る必要があるでしょう」から、**②が正解**になります。本文の **both in-person and online visitors** が②の **both traditional and online spaces** にパラフレーズされていることを理解しましょう。in-person が「直接の」なので、「直接来館する」という意味になることから、②の traditional「従来の」と同じ内容になることをおさえておきましょう。

　誤りの選択肢を見ていくと、①は、seasonal passes「シーズン券」に関して本文で言及されていないので、正解にはなりません。③も、「若い世代に興味を持たせる」に関して本文で言及されていないので、正解にはなりません。第4段落第3文で sustainable が使われているので、④を正解に選んでしまった人もいるかもしれません。しか

し、本文では「直接の来館者とデジタル来館者両方からの収入で、美術館が財政的に持続可能になる」と言っているだけで、④の「持続可能な芸術作品を生み出すこと」と本文とは関係がないので、正解にはなりません。

▶▶ 読み上げられた英文と訳

Question No.33

Our group looked **❶**at a survey of 56 art museums conducted in the fall of **❷**2020. Many art museums are **❸**currently thinking about **❹**how to go digital. This survey specifically asked if art museums were putting their exhibition videos on the internet. **❺**Here are those survey results.

私たちのグループは、2020年の秋に行われた、56の美術館に関する調査に注目しました。多くの美術館は、現在デジタルに移行する方法を考えています。この調査は、特に、美術館がその展示映像をネットに上げているかどうかを尋ねたものです。これが、その調査結果です。

■ グラフの訳

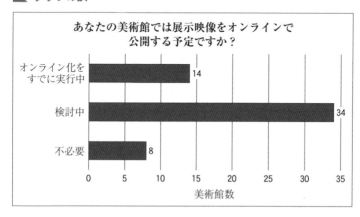

80

聞き取りのコツ

❶ atのtが【l】に似た音になりaとつながり【アラ】のように読まれています。

❷ two thousand twentyではなくtwenty twentyと読まれています。

❸ currentlyのtがストップTで、thinkingのgが脱落してaboutとつながり【カーウェン(トゥ)リ スィンキンナバウトゥ】のように読まれています。

❹ toが弱形になり【ハウトゥゴゥ】のように読まれています。

❺ Hereとareがつながって【ヒアワゾゥズ】のように読まれています。

■ **語彙リスト**

☐ survey「調査」　　　　　　　　☐ conduct「行う」

☐ currently「現在は」　　　　　　☐ specifically「特に」

問33 　33　 標

① 来館者が直接芸術作品を見たがるので、14の美術館は、展示映像をオンライン化することは不必要だと決定した。

② **お金やスタッフを見つける際の問題にもかかわらず、10を超える美術館がすでにその展示物の映像をオンライン化している。**

③ 8つの美術館が展示物の映像をオンライン化していて、実物のコレクションは倉庫に保管するだろう。

④ 56の美術館のほとんどが、労力がごくわずかで費用も安いので、映像をオンラインで展示することを望んでいる。

　第5問の最後の問題である問33は、音声がよく聞き取れなくてもグラフの読み取りだけで、正解を導ける場合があります。左ページのグラフから、14の美術館がすでにオンラインの展示を採り入れているとわかるので、②が正解です。

誤りの選択肢を見ていくと、グラフでは「14の美術館がすでに
オンラインの展示を採り入れている」ことがわかるのに、「14の美
術館が、展示映像をオンライン化することは不必要だと決定した」
と言っている①は正解にはなりません。グラフでは「8つの美術館
がオンラインの展示を不必要と考えている」ことがわかりますが、
③では「8つの美術館が展示動画をオンライン化している」と言っ
ています。この2つは矛盾するので、③も正解にはなりません。グ
ラフでは「34の美術館がオンライン化を検討中で8の美術館が不
要と判断している」ことがわかりますが、④では「56の美術館の
ほとんどが展示映像をオンラインで展示することを望んでいる」と
言っています。この2つは矛盾するので、④も正解にはなりません。

第5問

1人による講義文・ワークシート作成問題

第5問 (配点 15) 音声は1回流れます。

第5問は問27から問33までの7問です。

最初に講義を聞き，**問27**から**問32**に答えなさい。次に続きを聞き，**問33**に答えなさい。**状況，ワークシート，問い及び図表を読む時間が与えられた後，音声が流れます。**

状況

あなたは大学で，ミツバチについての講義を，ワークシートにメモを取りながら聞いています。

ワークシート

The Importance of Honeybees

○A major role played by honeybees:

 To 〔 **27** 〕 .

○What's happening in honeybee populations:

	Wild Honeybees	Domesticated Honeybees
Problems	28	Shortage of honeybees
Causes	Loss of natural habitats	29

○What can be done:

	Wild Honeybees	Domesticated Honeybees
Solutions	30	31

問27　ワークシートの空欄 27 に入れるのに最も適切なものを，四つの選択肢 ⓵〜④ のうちから一つ選びなさい。

① contribute to the emphasis on tiny animals
② help humans simplify agricultural practices
③ overcome serious challenges facing wild plants
④ provide us with a vital part of our food supply

問28〜31　ワークシートの空欄 28 〜 31 に入れるのに最も適切なものを，六つの選択肢 ⓵〜⑥ のうちから一つずつ選びなさい。選択肢は2回以上使ってもかまいません。

① Decline in population
② Diversity of plants
③ Increase in honey production
④ Lack of land development
⑤ New technology
⑥ Threats to health

問32　講義の内容と一致するものはどれか。最も適切なものを，四つの選択肢 ⓵〜④ のうちから一つ選びなさい。 32

① Allowing beekeepers access to natural environments helps to ensure sufficient honey production.
② Developing the global food supply has been the primary focus of beekeepers in recent years.
③ Improving conditions for honeybees will be of benefit to humans as well as honeybees.
④ Increasing the wild honeybee population will reduce the number of domesticated honeybees.

第5問はさらに続きます。

問33 講義の続きを聞き，次の図から読み取れる情報と講義全体の内容からどのようなことが言えるか，最も適切なものを，四つの選択肢（①〜④）のうちから一つ選びなさい。 33

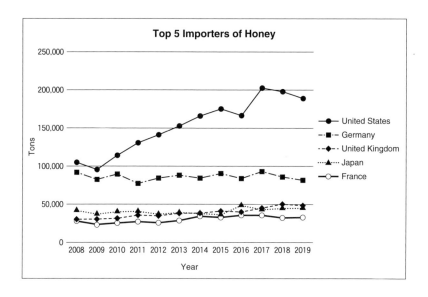

① The growing risk of wild honeybees becoming extinct has limited the amount of honey imports to the U.S. over the last decade.

② The high demand for honey in the U.S. since 2009 has resulted in the growth in imports to the top five countries.

③ The increase of honey imports to the U.S. is due to the efforts of beekeepers to grow a variety of plants all year around.

④ The U.S. successfully imports honey from other countries, despite the global decrease in domesticated honeybee populations.

（令和4年度　追・再試験）

これで第5問は終わりです。

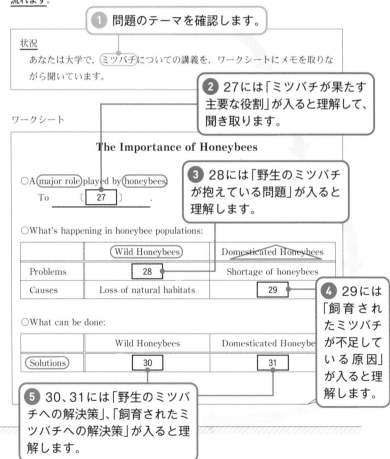

※番号の順に従って、チェックしましょう。

第5問 （配点 15） 音声は1回流れます。

第5問は問27から問33までの7問です。

最初に講義を聞き、問27から問32に答えなさい。次に続きを聞き、問33に答えなさい。状況，ワークシート，問い及び図表を読む時間が与えられた後，音声が流れます。

① 問題のテーマを確認します。

状況

あなたは大学で，ミツバチについての講義を，ワークシートにメモを取りながら聞いています。

② 27には「ミツバチが果たす主要な役割」が入ると理解して、聞き取ります。

ワークシート

The Importance of Honeybees

③ 28には「野生のミツバチが抱えている問題」が入ると理解します。

○A major role played by honeybees
　　To 〔 27 〕 .

○What's happening in honeybee populations:

	Wild Honeybees	Domesticated Honeybees
Problems	28	Shortage of honeybees
Causes	Loss of natural habitats	29

④ 29には「飼育されたミツバチが不足している原因」が入ると理解します。

○What can be done:

	Wild Honeybees	Domesticated Honeybees
Solutions	30	31

⑤ 30、31には「野生のミツバチへの解決策」、「飼育されたミツバチへの解決策」が入ると理解します。

問27　ワークシートの空欄 27 に入れるのに最も適切なものを，四つの選択肢（①〜④）のうちから一つ選びなさい。

❻ 問27の選択肢はさっと目を通します。28〜31は見ないで、32に進みましょう。

① contribute to the emphasis on tiny animals
② help humans simplify agricultural practices
③ overcome serious challenges facing wild plants
④ provide us with a vital part of our food supply

問28〜31　ワークシートの空欄 28 〜 31 に入れるのに最も適切なものを，六つの選択肢（①〜⑥）のうちから一つずつ選びなさい。選択肢は2回以上使ってもかまいません。

① Decline in population　　　② Diversity of plants
③ Increase in honey production　④ Lack of land development
⑤ New technology　　　　　　⑥ Threats to health

問32　講義の内容と一致するものはどれか。最も適切なものを，四つの選択肢（①〜④）のうちから一つ選びなさい。 32

① Allowing beekeepers access to natural environments helps to ensure sufficient honey production.
② Developing the global food supply has been the primary focus of beekeepers in recent years.
③ Improving conditions for honeybees will be of benefit to humans as well as honeybees.
④ Increasing the wild honeybee population will reduce the number of domesticated honeybees.

第5問はさらに続きます。

❼ 時間の許す限り問32の選択肢を先読みします。選択肢に目を通しているうちに音声が始まったら、ワークシートに戻って聞き取りに集中します。

8 先読みの時間はないので、音声がスタートしたら集中して聞き取り、グラフの読み取りと選択肢の吟味に集中してください。

問33　講義の続きを聞き，**次の図から読み取れる情報と講義全体の内容から**どのようなことが言えるか，最も適切なものを，四つの選択肢（①〜④）のうちから一つ選びなさい。 33

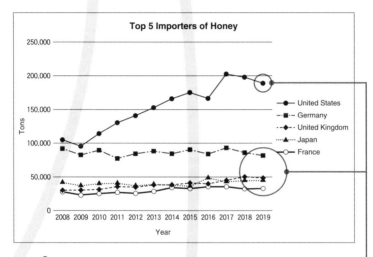

① The growing risk of wild honeybees becoming extinct has limited the amount of honey imports to the U.S. over the last decade.

② The high demand for honey in the U.S. since 2009 has resulted in the growth in imports to the top five countries.

③ The increase of honey imports to the U.S. is due to the efforts of beekeepers to grow a variety of plants all year around.

④ The U.S. successfully imports honey from other countries, despite the global decrease in domesticated honeybee populations.

（令和4年度　追・再試験）

これで第5問は終わりです。

9 問33はグラフの読み取りが最重要です。グラフで表しているのは蜂蜜の輸入上位5か国で、このうちアメリカが増加している以外は横ばいだと理解します。

第**5**問

1人による講義文・ワークシート作成問題

解答・解説 2

解答　問27　④　　問28　①　　問29　⑥　　問30　②

問31　⑤　　問32　③　　問33　④

解説

▶▶　**読み上げられた英文と訳**

Questions No.27 to 32

【第1段落】

　Our focus today is on a tiny animal, the honeybee. Have you ever ❶thought about how important they are? By flying from one plant to another, honeybees pollinate flowers and plants, which is an essential part of agricultural crop production worldwide. In fact, almost 35% of our global food production relies on honeybees, both wild and domesticated. To emphasize the importance of bees, in 2020, the United Nations designated May 20th as "World Bee Day." Although honeybees are necessary for human life, they are facing serious challenges.

【第2段落】

　Wild honeybees ❷have been at increasing risk of extinction. These honeybees and native flowering plants depend on each other for survival, but the natural habitats of wild honeybees are being destroyed. Factors such as climate change and land development are responsible for this loss, leaving these wild honeybees ❸without their natural environments.

【第3段落】

　Domesticated honeybees are kept and managed by farmers called beekeepers for the production of honey. In recent years, the number of domesticated honeybees has been on the decline in many countries. Issues including infectious diseases and natural enemies are ❹making it very difficult to sustain beekeeping. How to deal with these issues has been a concern for beekeepers around the world.

【第4段落】

What can be done to maintain these honeybee populations? For wild honeybees, we can grow a variety of bee-friendly plants ❺that bloom in different seasons in order to provide them with healthy habitats. For domesticated honeybees, beekeepers can make use of technological advances to create safer environments ❻that will protect their bees. By improving natural habitats and managing honeybees properly, we can ensure the survival of ❼not only our important friend, the honeybee, but ourselves as well.

【第1段落】

今日、私たちが注目するのは、とても小さな動物、ミツバチです。それらがどれほど重要であるかを今までに考えたことがありますか。1つの植物から別の植物へと飛ぶことによって、ミツバチは花や植物に授粉して、それは世界の農作物生産の不可欠な一部になっています。実際、世界の食糧生産のほぼ35％が、野生ミツバチと飼育されたミツバチに依存しています。ミツバチの重要性を強調するために、2020年に、国際連合は5月20日を「世界ミツバチデー」に指定しました。ミツバチは人間の生活に必要だけれども、深刻な課題に直面しています。

【第2段落】

野生のミツバチはますます絶滅の危機に瀕しています。これらのミツバチと野生の花をつける植物は、生存のためにお互いに依存していますが、野生のミツバチの自然の生息地は破壊されつつあります。気候変動や土地開発のような要因がこの喪失の原因で、こうした野生のミツバチから自然環境をなくしてしまっています。

【第3段落】

飼育されたミツバチは蜂蜜の生産のために、養蜂家と呼ばれる農家によって飼育され、管理されています。近年、飼育されたミツバチの数が多くの国で減少しています。伝染病や天敵といった問題のせいで、養蜂を続けるのがとても難しくなっています。これらの問

題に対処する方法は、世界中の養蜂家の懸念事項になっています。

【第4段落】

　これらのミツバチの個体数を維持するためには何をすればいいでしょうか。野生のミツバチに健康的な生息地を与えるために、私たちは、異なる季節に花を咲かせる、ミツバチに優しいさまざまな植物を栽培することができます。飼育されたミツバチのために、養蜂家は、テクノロジーの進歩を利用して、ミツバチを保護するであろうより安全な環境を作ることができます。自然の生息地を改善したり、ミツバチを適切に管理したりすることで、私たちは大切な友人であるミツバチだけでなく、自分たち自身の生存も確かなものにすることができます。

■ ワークシートの訳

ミツバチの重要性

○ ミツバチが果たす主要な役割:
　　　〔 27 〕　　　こと。

○ ミツバチの個体数に起こっていること:

	野生のミツバチ	飼育されたミツバチ
問題	28	ミツバチの不足
原因	自然の生息地の喪失	29

○ 何ができるか:

	野生のミツバチ	飼育されたミツバチ
解決策	30	31

🎧 聞き取りのコツ

❶ thoughtのtが【l】に似た音になり、aboutとつながって【ソーラバウ(トゥ)】のように読まれています。

❷ haveとbeenがつながりatのtが脱落して【ハヴィンアッ】のように読まれています。

❸ withoutのtがストップTで【ウィザウ(トゥ)】のように読まれています。

❹ makingとitがつながりgが脱落してtがストップTで【メイキンニッ(トゥ)】のように読まれています。

❺ thatのtがストップTで【ザッ(トゥ)ブルーム】のように読まれています。

❻ thatのtがストップTでwillとつながり【ザッ(トゥ)ウォゥ】のように読まれています。

❼ notとonlyがつながって【ナラオゥンリィ】のように読まれています。

◤ 語彙リスト

【第1段落】

☐ focus「焦点」	☐ tiny「とても小さな」
☐ honeybee「ミツバチ」	☐ pollinate「授粉する」
☐ essential「不可欠な」	☐ agricultural「農業の」
☐ crop「作物」	☐ worldwide「世界中で」
☐ rely on「〜に依存する」	☐ domesticated「飼育された」
☐ emphasize「強調する」	
☐ designate A as B「AをBと指定する」	☐ challenge「課題」

【第2段落】

- □ be at risk「危機に瀕している」
- □ extinction「絶滅」
- □ flowering plant「花をつける植物」
- □ depend on A for B「BをAに頼る」
- □ survival「生存」
- □ habitat「生息地」
- □ factor「要因」
- □ climate change「気候変動」
- □ be responsible for「〜の原因である」
- □ loss「損失」

【第3段落】

- □ beekeeper「養蜂家」
- □ decline「減少」
- □ issue「問題」
- □ including「〜を含んで」
- □ infectious「伝染性の」
- □ natural enemy「天敵」
- □ sustain「維持する」
- □ deal with「〜に対処する」
- □ concern「懸念事項」

【第4段落】

- □ maintain「維持する」
- □ population「個体数」
- □ a variety of「さまざまな〜」
- □ bloom「花が咲く」
- □ provide A with B「AにBを与える」
- □ make use of「〜を利用する」
- □ advance「進歩」
- □ environment「環境」
- □ properly「適切に」
- □ ensure「確実にする」
- □ not only A but B as well「AだけでなくBも」

*① とても小さな動物を重視することに貢献する

　　間違いやすい選択肢！

② 人間が農業の慣習を単純化するのに役立つ

③ 野生植物が直面する深刻な課題を克服する

④ **私たちに食料供給の重要な一部を提供する**

　｜ 27 ｜には、ワークシートから「ミツバチが果たす主要な役割」が入るとわかります。第1段落第3文〜, honeybees pollinate flowers and plants, which is **an essential part of agricultural crop production** worldwide. 「ミツバチは花や植物に授粉して、それは世界の農作物生産の不可欠な一部になっています」から、④が正解と判断できます。本文の **an essential part of agricultural crop production** が④の **a vital part of our food supply** にパラフレーズされていることを理解しましょう。特に essential が vital に、agricultural crop production が our food supply にパラフレーズされています。

　誤りの選択肢を見ていくと、第1段落第1文で tiny と言われていることから①を選んでしまった人もいるかもしれません。しかしこれは、ミツバチが「とても小さな動物だ」と言っているだけで、①のように「とても小さな動物を重視するためにミツバチが役立つ」とは言っていません。上で紹介した文で「ミツバチの授粉は農作物の生産に不可欠」と言っていますが、「農業の慣習を単純化」とは言っていないので、②も正解にはなりません。第1段落最終文で「ミツバチが深刻な課題に直面している」とありますが、③のように「野生植物が直面する深刻な課題を克服する」とは言っていないので、③も正解にはなりません。

問28・29 　28 ・ 29 やや難
　① 個体数の減少　　　　② 植物の多様性
　③ 蜂蜜の生産の増加　　④ 土地開発の不足
　⑤ 新しいテクノロジー　⑥ 健康への脅威

　ワークシートから、28 には「野生のミツバチが抱えている問題」が入るとわかります。第2段落第1文 Wild honeybees have been at increasing risk of extinction.「野生のミツバチはますます絶滅の危機に瀕しています」から、①が正解とわかります。本文の extinction「絶滅」から、①の Decline in population「個体数の減少」を推測しましょう。

　29 は、ワークシートから「飼育されたミツバチが不足している原因」が入るとわかります。第3段落第3文 Issues including infectious diseases and natural enemies are making it very difficult to sustain beekeeping.「伝染病や天敵といった問題のせいで、養蜂を続けるのがとても難しくなっています」から、⑥が正解と判断します。もっとも、infectious diseases から瞬時に⑥の Threats to health が正解と判断するのが難しかったでしょう。消去法も使って、他に該当する選択肢がないからという理由で⑥を選んでも構いません。

問30・31 　30 ・ 31 標
　① 個体数の減少　　　　② 植物の多様性
　③ 蜂蜜の生産の増加　　④ 土地開発の不足
　⑤ 新しいテクノロジー　⑥ 健康への脅威

　30 には、ワークシートから「野生のミツバチが抱える問題の解決策」が入るとわかります。第4段落第2文 For wild honeybees, we can grow a variety of bee-friendly plants that bloom in different seasons in order to provide them with healthy

296

habitats. 「野生のミツバチに健康的な生息地を与えるために、私たちは、異なる季節に花を咲かせる、ミツバチに優しいさまざまな植物を栽培することができます」から、②が正解と判断できます。本文のa variety of bee-friendly plantsが②のDiversity of plantsにパラフレーズされていることを理解しましょう。

  31 には、ワークシートから「飼育されたミツバチが抱える問題の解決策」が入るとわかります。第4段落第3文For domesticated honeybees, beekeepers can make use of **technological advances** to create safer environments that will protect their bees. 「飼育されたミツバチのために、養蜂家は、テクノロジーの進歩を利用して、ミツバチを保護するであろうより安全な環境を作ることができます」から、⑤が入ると判断できます。本文のtechnological advancesが⑤のNew technologyにパラフレーズされています。ぜひとも正解したい問題です。

問32 32   標

① 養蜂家に自然環境を利用させることは、十分な蜂蜜の生産を確保するのに役立つ。

*② 世界の食糧供給を発達させることは、近年の養蜂家の主要な焦点だった。間違いやすい選択肢！

③ ミツバチの環境を改善することは、ミツバチだけでなく人間にも利益があるだろう。

④ 野生のミツバチの個体数を増やすことは、飼育されたミツバチの数を減らすだろう。

  第5問の問32は、文章後半がヒントになるので、集中して聞き取ります。第4段落最終文By **improving natural habitats** and managing honeybees properly, we can ensure the survival of **not only our important friend, the honeybee, but ourselves as well**. 「自然の生息地を改善したり、ミツバチを適切に管理した

りすることで、私たちは**大切な友人であるミツバチだけでなく、
自分たち自身の生存も確かにすることができます**」から、③が正
解と判断できます。**本文のimproving natural habitatsが③の
Improving conditions for honeybeesに、本文のnot only our
important friend, the honeybee, but ourselves as well**が、
③の**humans as well as honeybees**にパラフレーズされているこ
とを理解しましょう。特に、**not only A but also B (as well)の
B as well as Aへのパラフレーズは頻出**になります。

　誤りの選択肢を見ていくと、①の Allowing beekeepers access
to natural environments「養蜂家に自然環境を利用させるこ
と」といった情報は、本文では言及されていないので、①は正解
にはなりません。②は間違いやすい選択肢になります。第3段落
最終文 How to deal with these issues has been a concern for
beekeepers around the world. が意味の近い表現に見えます。
しかし、**these issues は前文のIssues including infectious
diseases and natural enemiesを指すので、②の主語である
Developing the global food supplyと異なります。**よって、正
解にはなりません。④のような内容も、本文では言及されていない
ので、正解にはなりません。

▶▶　読み上げられた英文と訳
Question No.33

　Now let's focus on honey production. The demand for honey has
been growing worldwide, and the United States is ❶one example.
Please ❷take a look at the graph that shows the top five countries
❸with the highest honey imports between 2008 and 2019. What
does this imply?
　では、蜂蜜の生産に注目しましょう。蜂蜜の需要は、世界中で増
え続けていますが、アメリカがその一例です。2008年から2019
年の間に、蜂蜜の輸入が最も多かった上位5か国を示すグラフを見

てください。ここから、何がわかりますか。

■ グラフの訳

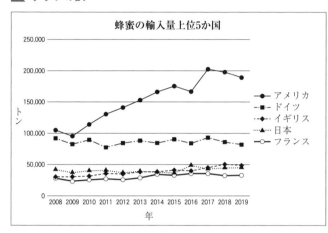

蜂蜜の輸入量上位5か国

（縦軸：トン、横軸：年）
凡例：アメリカ、ドイツ、イギリス、日本、フランス

🔊 聞き取りのコツ

❶ one と example が合わさって【ワンニィグザンポゥ】のように読まれています。

❷ at が弱形で前後とつながり【テイクァルッカッザ】のように読まれています。

❸ with と the が合わさって【ウィ(ズ)ザ】のように読まれています。

■ 語彙リスト

□ focus on「～に焦点を当てる」　　□ demand「需要」

□ imply「示唆する」

問33 ┃ 33 ┃ 〔標〕

① 野生のミツバチが絶滅する危機が増大していることで、ここ10年の間、アメリカの蜂蜜の輸入量は制限されてきた。

② 2009年以降のアメリカでの蜂蜜の高い需要が原因で、上位5か国の輸入が増えた。

＊③ アメリカの蜂蜜の輸入の増加は、養蜂家が一年中さまざまな植物を栽培した努力によるものだ。間違いやすい選択肢！

④ アメリカは、飼育されたミツバチの個体数が世界的に減少しているにもかかわらず、蜂蜜を他国から上手に輸入している。

　第5問の最後の問題である問33は、音声以上に、**グラフの読み取りに集中しましょう。**上のグラフは「蜂蜜の輸入量上位5か国」を示すとわかります。グラフを見ると、アメリカの蜂蜜の輸入量が年々増加しており、他の国は横ばいであることがわかります。よって、**④が正解**です。④の The U.S. successfully imports honey from other countries は、グラフから判断できます。後半の despite the global decrease in domesticated honeybee populations は、本文の第3段落第2文に合致します。

　誤りの選択肢を見ていくと、グラフでは2017～2019年のグラフはやや下がっていますが、①で言っているように「ここ10年、アメリカの蜂蜜の輸入量は制限されてきた」とは読み取れないので①は正解にはなりません。②には、「上位5か国の輸入が増えた」とありますが、グラフではアメリカ以外は横ばいなので、正解にはなりません。③は、主語である The increase of honey imports to the U.S.「アメリカの蜂蜜の輸入の増加」は、グラフから読み取れます。しかし、③の後半の due to the efforts of beekeepers to grow a variety of plants all year around「養蜂家が一年中さまざまな植物を栽培した努力によるものだ」とは、本文では言っていません。確かに、本文の第4段落第2文 we can grow a variety of bee-friendly plants that bloom in different seasons には「異なる季節に花を咲かせる、ミツバチに優しいさまざまな植物を栽培することができます」とありますが、それが原因でアメリカの蜂蜜の輸入量が増加したとは言っていないので、正解にはなりません。

第 6 問

2人による長い対話問題
4人による長い会話問題

A問題 ここで動きめる!

● 登場人物ごとの情報のメモ取りが重要‼

B問題 ここで動きめる!

● 会話の途中で意見を変える人がいることに注意する‼
● グラフ・図表問題が問われる登場人物の発言は特に
チェックする‼

 第6問の全体像をつかむ

2人の対話・4人の会話と合致する選択肢を選ぶ
問題が出題!!

> ● A は登場人物ごとの情報のメモ取りが重要!!
> ● B は会話の途中で意見を変える人がいることに
> 注意する!! グラフ・図表問題が問われる登場
> 人物の発言は特にチェックする!!

第6問の配点を教えてください。

　第6問はAとBからなり、それぞれ2問ずつの合計で4問です。**配点は、Aが1問3点、Bが1問4点になります。第6問はリスニング全体の100点中14点になります。**

第6問はどんな力が必要とされますか?

　第6問Aでは、**各発言と発話者を結び付ける力、発言内容を理解する力**が求められています。それぞれの問いで、発話者1人ひとりにかかわる内容が問われます。第6問Bでは、**4人の登場人物の主張を端的にメモする力、その発言とグラフを結び付ける力**が必要です。

第6問で高得点を取るには、どうしたらよいですか?

　Aは、時間がしっかりとれるので、選択肢の先読みをしましょう。一方で、Bは後ろのグラフの先読みもしっかりとしましょう。注意が必要なのが、Bでは会話が終わった時点での意見が問われている

のですが、**会話の途中で意見を変える人がいる点**です。最後のグラフ問題では、間違いやすい選択肢が1つあるので、しっかりと選択肢を比較して、会話内容の該当範囲がより大きいものを選びましょう。

第 6 問 の ま と め

- 第6問は、Aが、**2人の対話と合致する選択肢を選ぶ問題**、Bが、**4人の会話と合致する選択肢を選ぶ問題**である。音声は1回読まれる。
- 配点はリスニング全体の**100点中14点**。
- 第6問では、**各発言と発話者を結び付ける力、発言内容を理解する力、4人の登場人物の主張を端的にメモする力、その発言とグラフを結び付ける力**が必要とされる。
- 第6問Bは、**会話の途中で意見を変える人がいる点**に注意する。最後のグラフ問題では、間違いやすい選択肢が1つあるので、しっかりと選択肢を比較して、会話内容の該当範囲がより大きいものを選ぶ。

A問題 2人による長い対話問題

STEP 1 先読みのコツを知る

※番号の順に従って、チェックしましょう。

第6問 （配点 14） **音声は1回流れます。**

第6問はAとBの二つの部分に分かれています。

A 　第6問Aは問34・問35の2問です。二人の対話を聞き，それぞれの問いの答えとして最も適切なものを，四つの選択肢（①〜④）のうちから一つずつ選びなさい。（問いの英文は書かれています。）**状況と問いを読む時間が与えられた後，音声が流れます。**

状況
　Davidと母のSueが，ハイキングについて話をしています。

問34 Which statement would David agree with the most? 　34

① Enjoyable hiking requires walking a long distance.
② Going on a group hike gives you a sense of achievement.
③ Hiking alone is convenient because you can choose when to go.
④ Hiking is often difficult because nobody helps you.

問35 Which statement best describes Sue's opinion about hiking alone by the end of the conversation? 　35

① It is acceptable.
② It is creative.
③ It is fantastic.
④ It is ridiculous.

（令和5年度　本試験）

これで第6問Aは終わりです。

＊それでは、次のページから自分で先読みをして、実際に問題を解いてみよう！

---

❶ 第6問Aの状況は必ず読みます。登場人物と話題を把握することで、内容を先に予測します。男の子のデービッドと母親のスーのやり取りをイメージします。

❷ 問34は、デービッドが同意する選択肢を選びます。

❸ 問35は、スーの1人ハイキングに対する意見を選びます。

第6問

2人による長い対話問題

STEP 2 問題を解く

 TRACK 🔊 094~

第 6 問 （配点 14） <u>音声は 1 回流れます。</u>

第 6 問は **A** と **B** の二つの部分に分かれています。

A 　第 6 問 **A** は問 34・問 35 の 2 問です。二人の対話を聞き，それぞれの問いの答えとして最も適切なものを，四つの選択肢 $(①〜④)$ のうちから一つずつ選びなさい。（問いの英文は書かれています。）<u>状況と問いを読む時間が与えられた後，音声が流れます。</u>

> 状況
> David と母の Sue が，ハイキングについて話をしています。

問34　**Which statement would David agree with the most?** 　34

① 　Enjoyable hiking requires walking a long distance.

② 　Going on a group hike gives you a sense of achievement.

③ 　Hiking alone is convenient because you can choose when to go.

④ 　Hiking is often difficult because nobody helps you.

問35　**Which statement best describes Sue's opinion about hiking alone by the end of the conversation?** 　35

① 　It is acceptable.

② 　It is creative.

③ 　It is fantastic.

④ 　It is ridiculous. 　　　　　　　　　　　　　（令和5年度　本試験）

これで第 6 問 **A** は終わりです。

解答　問34　③　　問35　①

解説

▶▶ 読み上げられた英文と訳

Questions No.34 and 35

David: Hey, Mom! Let's go to Mt. Taka tomorrow. We've always ❶wanted to go there.

Sue: Well, I'm tired from work. I want to stay home tomorrow.

David: Oh, too bad. ❷Can I go by myself, then?

Sue: What? People always say you should never go hiking alone. ❸What if you get lost?

David: Yeah, I thought that way too, until I read a magazine article on solo hiking.

Sue: Huh. ❹What does the article say ❺about it?

David: It says it takes more time and effort to prepare for solo hiking than group hiking.

Sue: OK.

David: But you can select a date that's convenient for you and walk ❻at your own pace. And imagine the sense of achievement once you're done, Mom!

Sue: That's a good point.

David: So, ❼can I hike up Mt. Taka by myself tomorrow?

Sue: David, do you really have time to ❽prepare for it?

David: Well, I guess not.

Sue: Why not ❾wait until next weekend ❿when you're ready? ⓫Then you can go ⓬on your own.

David: OK, Mom.

問34と35

デービッド：やあ、ママ！　タカ山に明日行こう。僕たちはずっと
　　　そこに行きたかったんだ。

スー：ええと、私は仕事で疲れているの。明日は家にいたいわ。

デービッド：ああ、すごく残念。それなら、1人で行っていい？

スー：何を言っているの？　いつもハイキングに1人で行ってはい
　　　けないと言われているでしょ。道に迷ったらどうするの？

デービッド：うん、1人ハイキングの雑誌記事を読むまでは、僕も
　　　そのように思っていた。

スー：そう。その記事は、それについて何と書いているの？

デービッド：それには、グループでハイキングするより1人でハイ
　　　キングするほうが、準備するのに時間と労力がかかると書いてある。

スー：なるほど。

デービッド：けど、自分に都合のよい日を選んで、自分のペースで
　　　歩くことができる。そして、いったんやり終えたあとの達成感を
　　　想像してみて、ママ！

スー：それはもっともね。

デービッド：だから、明日、1人でタカ山に登ってもいい？

スー：デービッド、あなたは本当にその準備をする時間があるの？

デービッド：ええと、ないと思う。

スー：準備ができる来週末まで待つのはどう？　それなら1人で行っ
　　　てもいいわよ。

デービッド：わかったよ、ママ。

❶ wantedが【ウォントゥドゥ】の音になり、【ウォントゥドゥトゥゴゥ】のように読まれています。

❷、❼ CanとIがつながり【キャナイ】のように読まれています。

❸ Whatのtが【l】に似た音になり【ワリフュゲッ(トゥ)ロス(トゥ)】のように読まれています。

❹ Whatとdoesとtheがつながり【ワッダズズィアーティコゥ】のように読まれています。

❺ aboutとitがつながり【アバウリッ】のように読まれています。

❻ atのtがストップTで【アッ(トゥ)ャオウン】のように読まれています。

❽ itのtが脱落して【プウィペアフォリッ】のように読まれています。

❾ waitのtが【l】に似た音になりuntilがつながり【ウェイランティゥ】のように読まれています。

❿ whenとyou'reがつながり【ウェンニュァウェディ】のように読まれています。

⓫ Thenとyouがつながり【ゼンニュ】のように読まれています。

⓬ onとyourがつながり【オンニュァオウン】のように読まれています。

■ 語彙リスト

☐ be tired from「〜で疲れている」	☐ by oneself「1人で」
☐ What if 〜?「〜したらどうなるか?」	☐ get lost「道に迷う」
☐ that way「そのように」	☐ magazine「雑誌」
☐ article「記事」	
☐ It takes O to do 〜.「〜するのにOが必要だ」	☐ effort「努力」
☐ prepare for「〜の準備をする」	☐ solo「単独の」
☐ select「選ぶ」	☐ date「日付」
☐ convenient「都合のよい」	☐ sense「感覚」
☐ achievement「達成」	☐ once 〜「ひとたび〜すると」
☐ be done「終える」	☐ guess「思う」

□ Why not ~?「~してはどうか？」　　　　□ on one's own「1人で」

問34 　34 　　標

　デービッドが最も同意するのはどの説明か。　34

　① 楽しくハイキングするには、長い距離を歩くことが必要とされる。

*② グループでハイキングに行くと、達成感が得られる。

　　　間違いやすい選択肢！

　③ 1人でハイキングすることは、いつ行くのかを選べるので、都合がよい。

　④ 誰もあなたを助けてくれないので、ハイキングはたいてい難しい。

　デービッドの第2、3発言から「1人のハイキングを希望している」とわかります。続けて、デービッドの第5発言But you can **select a date that's convenient for you and walk at your own pace**.「けど、自分に都合のよい日を選んで、自分のペースで歩くことができる」から、③が正解と判断できます。本文の select a date that's convenient for you が、③の choose when to go にパラフレーズされていることを理解しましょう。

　誤りの選択肢を見ていくと、①の walking a long distance「長い距離を歩くこと」のような話は出てこないので、正解にはなりません。②は、**本文で登場した a sense of achievement が使われているので、間違いやすい選択肢**になります。しかし、デービッドの第5発言第2文の「やり終えたあとの達成感を想像してみて」は、**1人でのハイキングに関すること**です。デービッドが1人でのハイキングを希望していることからも、それがわかります。②は「**グループでハイキングすることで達成感が得られる**」なので、正解にはなりません。④の「誰も助けてくれない」というようなことは本文で言及されていないので、正解にはなりません。

第**6**問

2人による長い対話問題

会話の終わりの時点で、1人でハイキングに行くことに関しての
スーの意見を最もよく表しているのはどの説明か。　35

① **それは受け入れられる。**

② それは創造的だ。

③ それは素晴らしい。

④ それはばかげている。

　スーの第5発言**That's a good point.**「それはもっともね」から、
1人でハイキングに行くことの利点を認めたことがわかります。スー
の最後の発言のWhy not wait until next weekend when you're
ready? **Then you can go on your own.**「準備ができる来週末
まで待つのはどう？　それなら1人で行ってもいいわよ」から、当
初の反対の立場から、受け入れに変化しているとわかるので、①が
正解です。

　誤りの選択肢を見ていくと、②は本文のどこにも言及されていま
せん。③は、デービッドの第5発言「都合のよい日を選び、自分の
ペースで歩けて、達成感がある」に対して、スーはThat's a good
point.「それはもっともね」と言っていますが、fantasticとまでは
言っていないので、正解にはなりません。④も本文のどこにも言及
されていません。

　＊次からは先読みのコツは、問題を解いたあとに掲載してあります。

第6問 （配点 14）　**音声は1回流れます。**

第6問は**A**と**B**の二つの部分に分かれています。

A　　第6問**A**は問34・問35の2問です。二人の対話を聞き，それぞれの問いの答えとして最も適切なものを，四つの選択肢（①〜④）のうちから一つずつ選びなさい。（問いの英文は書かれています。）**状況と問いを読む時間が与えられた後，音声が流れます。**

> 状況
> 　Raymond と Mana が，今度行く旅行について話をしています。

問34　**Which statement best describes Mana's opinion?**　　34

① Bringing a camera and lenses on a trip is necessary.

② Getting the latest smartphone is advantageous.

③ Packing for an international trip is time-consuming.

④ Updating software on the phone is annoying.

問35　**Which of the following statements would both speakers agree with?**　　35

① It's expensive to repair broken smartphones.

② It's impossible to take photos of running animals.

③ It's unpleasant to carry around heavy luggage.

④ It's vital for both of them to buy a camera and lenses.

（令和5年度　追・再試験）

━━━━━━━━━━━━━━━━━━━━━━━━━━━━
これで第6問Aは終わりです。
━━━━━━━━━━━━━━━━━━━━━━━━━━━━

先読みのコツを知る

※番号の順に従って、チェックしましょう。

第6問 （配点 14） 音声は1回流れます。

第6問はAとBの二つの部分に分かれています。

A 第6問Aは問34・問35の2問です。二人の対話を聞き、それぞれの問いの答えとして最も適切な……なさい。（問いの英文は……後，音声が流れます。

> ① 第6問Aの状況は必ず読みます。登場人物と話題を把握することで、内容を先に予測します。男性のレイモンドと女性のマナのやり取りをイメージします。

状況

Raymond と Mana が，今度行く旅行について話をしています。

問34 Which statement best describes Mana's opinion? ☐34

> ② 問34はマナの意見が問題になっていると理解します。

① Bringing a camera and lenses on a trip is necessary.
② Getting the latest smartphone is advantageous.
③ Packing for an international trip is time-consuming.
④ Updating software on the phone is annoying.

問35 Which of the following statements would both speakers agree with? ☐35

> ③ 問35は両者が同意するポイントだと理解します。

① It's expensive to repair broken smartphones.
② It's impossible to take photos of running animals.
③ It's unpleasant to carry around heavy luggage.
④ It's vital for both of them to buy a camera and lenses.

（令和5年度　追・再試験）

これで第6問Aは終わりです。

解答 問34 ①　　問35 ③

解説

▶▶ 読み上げられた英文と訳

Questions No.34 and 35

Raymond: Our trip is getting close, Mana!

Mana: Yes, I need to buy a new bag to protect my camera and lenses.

Raymond: Aren't they heavy? I'm just going to use my smartphone to take pictures. With smartphone software you can ❶edit your photos quickly and easily.

Mana: Yeah, I guess so.

Raymond: Then, why do you want to bring your camera and lenses?

Mana: Because I'm planning to take pictures at the wildlife park. I ❷want my equipment to capture detailed images of the animals there.

Raymond: I see. Then, I'll take pictures of us having a good time, and you photograph the animals.

Mana: Sure! I have three lenses for different purposes.

Raymond: That's going to be a lot of stuff. I hate carrying heavy luggage.

Mana: I do, too, but since I need my camera and lenses, I have no choice. ❸I think it'll be worth it, though.

Raymond: I'm sure it will. I'm looking forward to seeing your pictures!

Mana: Thanks.

問34と35

レイモンド：僕たちの旅はもうすぐだね、マナ！

マナ：うん、カメラとレンズを保護するために、新しいバッグを買う必要があるわ。

レイモンド：それらは重くないの？　僕はスマートフォンを使って写真を撮るだけだよ。スマートフォンのソフトを使って、写真をすばやく簡単に編集できるよ。

マナ：ええ、私もそう思う。

レイモンド：それなら、なんでカメラとレンズを持っていきたいの？

マナ：野生動物の公園で写真を撮るつもりだからだよ。私の機材で、そこにいる動物の詳細な画像をとらえたいの。

レイモンド：了解。それなら、僕が、僕たちが楽しんでいる写真を撮るから、君は動物の写真を撮って。

マナ：わかった！　別々の目的のために、レンズを3つ持っているんだ。

レイモンド：それは大荷物になりそうだ。僕は重い荷物を運ぶのが大嫌いなんだ。

マナ：私もだよ、だけどカメラとレンズが必要だから、しかたない。でも、その価値はあると思う。

レイモンド：僕も価値があると思うよ。君の写真を見るのが楽しみだ！

マナ：ありがとう。

 聞き取りのコツ

❶ editのtがストップTで【エディッ（トゥ）ュアフォウトウズ】のように読まれています。

❷ wantのtがストップTでequipmentとtoがつながり【ウォン（トゥ）マイ イクイップムン（トゥ）】のように読まれています。

❸ it'llが【イトゥ】になり【アイスィンクイトゥビィ】のように読まれています。

■ 語彙リスト

(本文)

□ get close「近づく」	□ protect「守る」
□ edit「編集する」	□ wildlife「野生動物」
□ equipment「機材」	□ capture「とらえる」
□ detailed「詳細な」	□ image「画像」
□ have a good time「楽しい時を過ごす」	□ photograph「写真を撮る」
□ purpose「目的」	□ stuff「物」
□ luggage「荷物」	□ choice「選択」
□ look forward to doing「〜するのを楽しみに待つ」	

(設問と選択肢)

□ statement「説明」	□ describe「表す」
□ latest「最新の」	□ advantageous「利点のある」
□ pack「荷造りする」	□ time-consuming「時間がかかる」
□ update「更新する」	□ annoying「いらいらさせる」
□ following「次の」	□ expensive「高価な」
□ repair「修理する」	□ unpleasant「不快な」
□ carry around「持ち運ぶ」	□ vital「きわめて重要な」

問34 　34　　標

マナの意見を最もよく表している説明はどれか。　34

① カメラとレンズを旅行に持ってくることは必要だ。
② 最新のスマートフォンを手に入れることは有益だ。
③ 海外旅行の荷造りをすることは時間がかかる。
④ スマートフォンのソフトウェアを更新することは面倒だ。

マナの第5発言I do, too, but since **I need my camera and lenses**, I have no choice. I think it'll be worth it, though.「私もだよ、だけど**カメラとレンズが必要だから**、しかたない。でも、その価値はあると思う」から、①が正解です。**本文のneedが選択肢①のnecessaryにパラフレーズされている**ことを理解しましょう。

誤りの選択肢を見ていくと、②のthe latest smartphone「最新のスマートフォン」に言及している表現はないので、正解にはなりません。③のPacking for an international trip「海外旅行の荷造りをすること」に言及している表現はないので、正解にはなりません。レイモンドの第5発言の第2文には「重い荷物を持ち運ぶことが大嫌いだ」とありますが、やはり「海外旅行の荷造り」とは関係ありません。④は、レイモンドの第2発言の第3文で「スマートフォンのソフトを使って、写真をすばやく簡単に編集できる」とありますが、「スマートフォンのソフトウェアを更新すること」に関しては言及されていないので、正解にはなりません。

問35 ☐ 35 ☐ （易）

両方の話者が同意するのは、次のうちどれか？ ☐ 35 ☐

① 壊れたスマートフォンを修理することはお金がかかる。
② 走っている動物の写真を撮ることは不可能だ。
③ **重い荷物を持ち歩くのは不快だ。**
④ 2人ともがカメラとレンズを買うことはきわめて重要だ。

レイモンドの第5発言That's going to be a lot of stuff. **I hate carrying heavy luggage.**「それは大荷物になりそうだ。**僕は重い荷物を運ぶのが大嫌いなんだ**」に対して、マナも**I do, too**「私もだよ」と答えているので、③**が正解**です。I doのdoは代動詞といって、前文のhate carrying heavy luggageの代わりをしています。

誤りの選択肢を見ていくと、①のrepair broken smartphones「壊れたスマートフォンを修理する」ことに関する言及はありません。②のrunning animals「走っている動物」に関する言及もありません。マナの第3発言第2文でI want my equipment to capture detailed images of the animals there.「私の機材で、そこにいる動物の詳細な画像をとらえたいの」とありますが、やはり「走っている動物」への言及ではありません。④は、レイモンドが第2発言で、スマートフォンで写真を撮ると言っており、それ以降その姿勢は一貫しているので、レイモンドには当てはまらずに、正解にはなりません。

過去問にチャレンジ 2

TRACK
◀))098~

第6問 （配点 14） **音声は1回流れます。**

第6問はAとBの二つの部分に分かれています。

A 第6問Aは問34・問35の2問です。二人の対話を聞き，それぞれの問いの答えとして最も適切なものを，四つの選択肢(①~④)のうちから一つずつ選びなさい。（問いの英文は書かれています。）状況と問いを読む時間が与えられた後，音声が流れます。

状況

Mike と妻の Pam が，小学生の息子(Timmy)の誕生日プレゼントについて話をしています。

問34 **What is Pam's main reason for recommending the saxophone?**
　　34

① Jazz is more enjoyable than classical music.
② Playing ad lib is as exciting as reading music.
③ Playing the saxophone in an orchestra is rewarding.
④ The saxophone is easier to play than the violin.

問35 **Which of the following statements would Mike agree with?**
　　35

① Jazz musicians study longer than classical musicians.
② Learning the violin offers a good opportunity to play classical music.
③ The violin can be played in many more ways than the saxophone.
④ Younger learners are not as talented as older learners.

（令和4年度　追・再試験）

これで第6問Aは終わりです。

第
6
問

2人による長い対話問題

先読みのコツを知る

※番号の順に従って、チェックしましょう。

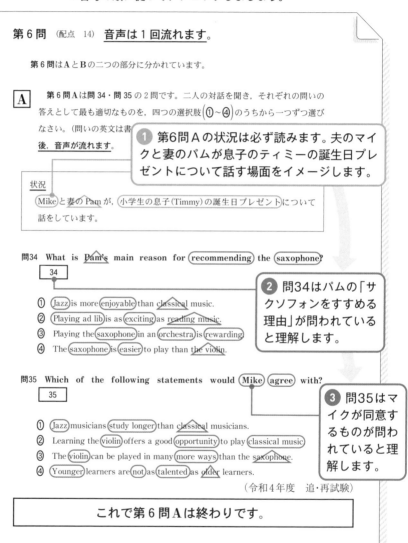

第6問 (配点 14) **音声は1回流れます。**

第6問はAとBの二つの部分に分かれています。

A 第6問Aは問34・問35の2問です。二人の対話を聞き、それぞれの問いの答えとして最も適切なものを、四つの選択肢（①～④）のうちから一つずつ選びなさい。（問いの英文は書~~~~後、音声が流れます。

> ❶ 第6問Aの状況は必ず読みます。夫のマイクと妻のパムが息子のティミーの誕生日プレゼントについて話す場面をイメージします。

状況

Mikeと妻のPamが、小学生の息子(Timmy)の誕生日プレゼントについて話をしています。

問34 What is Pam's main reason for recommending the saxophone?

34

① Jazz is more enjoyable than classical music.
② Playing ad lib is as exciting as reading music.
③ Playing the saxophone in an orchestra is rewarding.
④ The saxophone is easier to play than the violin.

> ❷ 問34はパムの「サクソフォンをすすめる理由」が問われていると理解します。

問35 Which of the following statements would Mike agree with?

35

① Jazz musicians study longer than classical musicians.
② Learning the violin offers a good opportunity to play classical music.
③ The violin can be played in many more ways than the saxophone.
④ Younger learners are not as talented as older learners.

> ❸ 問35はマイクが同意するものが問われていると理解します。

（令和4年度　追・再試験）

これで第6問Aは終わりです。

解答・解説 2

解答 問34 ①　問35 ②

解説

▶▶ **読み上げられた英文と訳**

Questions No.34 and 35

Mike: How about getting Timmy a violin for his birthday?

Pam: Oh, do you want him to ❶play in an orchestra?

Mike: ❷I hope he does, eventually.

Pam: Hmm... how about a saxophone? It's more ❸fun than the violin.

Mike: But I want to get him a violin while he's still young.

Pam: Of course age is important for both instruments. Still, I was hoping that Timmy could play jazz someday. ❹But with the violin, he's stuck with classical music.

Mike: What's wrong with classical music?

Pam: Nothing. But what's better about jazz is ❺that you can change the melody as you play. There's more freedom. It's more fun.

Mike: More freedom is all very good, ❻but you need to learn to read music first. And classical music is the best for that.

Pam: Well, Timmy can learn to read music ❼while playing jazz on the saxophone.

Mike: ❽Couldn't he learn the saxophone later if he wants?

Pam: Why don't we let him choose? What's important is that he ❾enjoy it.

問34と35

マイク：ティミーの誕生日にバイオリンを買ってあげるのはどう？

パム：あら、あなたは彼にオーケストラで演奏させたいの？

マイク：僕は彼に、ゆくゆくはそうしてほしいと思う。

パム：うーん、サクソフォンはどう？　バイオリンより楽しいよ。

マイク：けど、僕は彼がまだ若いうちに、バイオリンを買ってあげ
　　たいんだ。

パム：もちろん、年齢は両方の楽器に重要よ。でも、私はティミー
　　がいつかジャズを演奏できたらと願っていたの。でも、バイオリ
　　ンだと、彼はクラシックにしばられてしまう。

マイク：クラシックの何が問題なんだ？

パム：何もないわ。けど、ジャズに関してよりいいのは、演奏しな
　　がらメロディーを変えられることよ。もっと自由がある。もっと
　　楽しいわ。

マイク：もっと自由があることは、本当にとてもいいことだけど、
　　まず楽譜を読めるようになる必要がある。そしてクラシックは、
　　それには最適だ。

パム：ええと、ティミーはサクソフォンでジャズを演奏している間
　　に、楽譜を読めるようになるわ。

マイク：あの子が望むなら、あとでサクソフォンを習えないの？

パム：彼に選ばせてみたらどう？　重要なのは、あの子がそれを楽
　　しむことよ。

🦻 聞き取りのコツ

❶ play、in、an がつながり【**プレインナンオーケストゥワ**】のように読まれています。

❷ he が弱形で【**イー**】になり【**アイホウプイーダズ**】のように読まれています。

❸ fun と than がつながり【**ファンナン　ザヴァイオリン**】のように読まれています。

❹ But の t が脱落して with と the がつながり【**バッウィッザ**】のように読まれています。

❺ that の t がストップ T で you とつながり【**ザッ(トゥ)ユー**】のように読まれています。

❻ but の t がストップ T で you とつながり【**バッ(トゥ)ユーニートゥラーン**】のように読まれています。

❼ while が弱形で【**ワイ**】となり【**ワイプレイン(グ)**】のように読まれています。

❽ Couldn't の t がストップ T で he とつながり【**クドゥン(トゥ)イー**】のように読まれています。

❾ it の t がストップ T で【**インジョイイッ(トゥ)**】のように読まれています。

◾ **語彙リスト**

（本文）

☐ get O_1 O_2「O_1にO_2を買ってあげる」　　☐ eventually「最終的に」

☐ fun「(it is 〜などの形で)楽しい」　　☐ instrument「楽器」

☐ still「それでも」　　☐ someday「いつか」

☐ be stuck with「〜にしばられる」

☐ What's wrong with 〜?「〜はどこがおかしいのか？」

☐ freedom「自由」

☐ Why don't we 〜?「〜してはどうか？」

（問題と選択肢）

☐ recommend「すすめる」	☐ ad lib「即興で」
☐ rewarding「やりがいのある」	☐ opportunity「機会」
☐ talented「才能のある」	

問34 　34　 標

パムがサクソフォンをすすめる主な理由は何か。　34

① ジャズはクラシックよりも楽しい。

② 即興で演奏することは、楽譜を読むことと同じくらいわくわくする。

*③ オーケストラでサクソフォンを演奏することは、やりがいがある。間違いやすい選択肢！

④ サクソフォンは、バイオリンより演奏が簡単だ。

　パムの第2発言第2文 It's more fun than the violin.「それ（サクソフォン）はバイオリンより楽しい」と、パムの第4発言第4文 It's more fun.「それ（ジャズ）は（クラシック）より楽しい」から、①が正解です。サクソフォンはジャズを経験する楽器、バイオリンはクラシックを経験する楽器として挙げられているので、やはりパムは一貫して「ジャズはクラシックより楽しい」と主張していると判断できます。本文の fun が①では enjoyable にパラフレーズされていることを理解しましょう。

　誤りの選択肢を見ていくと、パムは「即興で演奏すること」と「楽譜を読めること」の比較には言及していないので②は正解にはなりません。パムは第4発言第2・3文で「ジャズは演奏するときにメロディーを変えられる、もっと自由だ」と即興性をアピールしていますが、それと楽譜を読めることの比較はしていません。

　③は選択肢の rewarding「やりがいがある」がやや難しいので、

間違いやすくなります。やはり、語彙力はリスニングでも重要です。パムは**オーケストラで演奏する**ということには言及していないので、正解にはなりません。**④**も、本文では言及されていません。

問35 35 やや難

マイクが同意しそうなのは、次のうちどれか？ 35

① ジャズ音楽家は、クラシックの音楽家より長く研究する。

② バイオリンを習うことは、クラシックを演奏するよい機会を提供する。

③ バイオリンはサクソフォンよりも多くの方法で演奏することができる。

④ 年齢のより低い学習者は、年齢のより高い学習者ほど才能がない。

マイクの第1発言How about **getting Timmy a violin** for his birthday?に対して、パムがOh, do you **want him to play in an orchestra**?と答えています。それに対してマイクがI hope he does, eventually.と答えているので、**マイクは子どものティミーにオーケストラでバイオリンを弾いてもらいたい**と願っているとわかります。オーケストラでは主にクラシック音楽を演奏することに加えて、パムの第3発言第3文But with the violin, he's stuck with classical music.「でも、バイオリンだと、彼はクラシックにしばられてしまう」に対して、マイクは「クラシックの何が問題なんだ？」と返しているので、**「バイオリン＝クラシック音楽」という構図に同意している**とわかります。よって、**②が正解**です。

③は、パムが第4発言で「ジャズはメロディーを変えられる。もっと自由がある」と言っており、むしろサクソフォンの方が、演奏パターンが多いと考えているので、本文と矛盾します。**④**の年齢については、マイクの第1発言「彼がまだ若いうちに、バイオリンを買ってあげたい」とパムの第3発言第1文「年齢は両方の楽器に重要だ」に言及がありますが、「年齢が高いほうがよい」とは言っていないので、正解にはなりません。**①**に関しては言及されていません。

B問題　4人による長い会話問題

STEP 1　先読みのコツを知る

B　第6問Bは問36・問37の2問です。会話を聞き，それぞれの問いの答えとして最も適切なものを，選択肢のうちから一つずつ選びなさい。後の表を参考にしてメモを取ってもかまいません。**状況と問いを読む時間が与えられた後，音声が流れます。**

❶ テーマを理解すると、リスニングの内容理解に役立つので、チェックします。

状況
寮に住む四人の学生（Mary, Jimmy, Lisa, Kota）が，(就職後に住む場所)について話し合っています。

Mary	
Jimmy	
Lisa	
Kota	

問36　会話が終わった時点で，(街の中心部に住む)ことに決めた人を，四つの選択肢(①〜④)のうちから一つ選びなさい。 36

❷ 「街の中心部に住むことに決めた人」を選ぶとわかるので、上の表に「住む場所」に関する情報のメモを取ります。

① Jimmy

② Lisa

③ Jimmy, Mary

④ Kota, Mary

※番号の順に従って、チェックしましょう。

3 リサの発言は、より細かく
メモを取ります。

問37　会話を踏まえて、Lisa の考えの根拠となる図表を、四つの選択肢（①〜④）
のうちから一つ選びなさい。　37

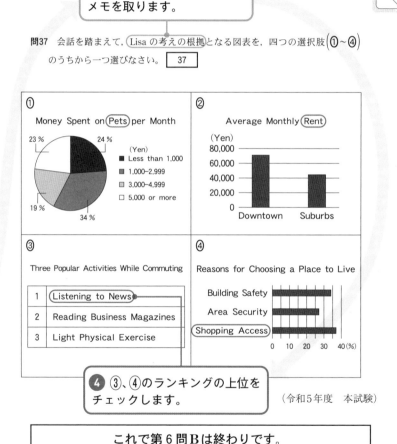

4 ③、④のランキングの上位を
チェックします。

（令和5年度　本試験）

これで第6問Bは終わりです。

＊それでは、次のページから自分で先読みをして、実際に問題
を解いてみよう！

B 第6問Bは**問36・問37**の2問です。会話を聞き，それぞれの問いの答えとして最も適切なものを，選択肢のうちから一つずつ選びなさい。後の表を参考にしてメモを取ってもかまいません。**状況と問いを読む時間が与えられた後，音声が流れます**。

> 状況
> 寮に住む四人の学生(Mary, Jimmy, Lisa, Kota)が，就職後に住む場所について話し合っています。

Mary	
Jimmy	
Lisa	
Kota	

問36 会話が終わった時点で，**街の中心部に住むことに決めた人**を，四つの選択肢(①~④)のうちから一つ選びなさい。 36

① Jimmy
② Lisa
③ Jimmy, Mary
④ Kota, Mary

問37 会話を踏まえて，Lisa の考えの根拠となる図表を，四つの選択肢(①〜④)のうちから一つ選びなさい。 37

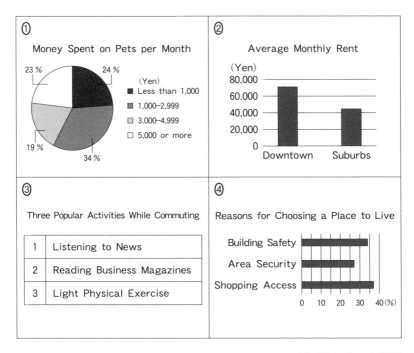

① Money Spent on Pets per Month

23 %　24 %
（Yen）
■ Less than 1,000
■ 1,000–2,999
□ 3,000–4,999
□ 5,000 or more
19 %
34 %

② Average Monthly Rent

（Yen）
80,000
60,000
40,000
20,000
0
Downtown　Suburbs

③ Three Popular Activities While Commuting

1	Listening to News
2	Reading Business Magazines
3	Light Physical Exercise

④ Reasons for Choosing a Place to Live

Building Safety
Area Security
Shopping Access
0　10　20　30　40(%)

（令和5年度　本試験）

第6問

4人による長い会話問題

これで第6問Bは終わりです。

解答　問36　①　　問37　②

解説

▶▶ **読み上げられた英文と訳**

Questions No.36 and 37

Mary: Yay! **①We all got** jobs downtown! I'm so **②relieved and excited**.

Jimmy: You said it, Mary! So, are you going to get a place near your office or in the suburbs?

Mary: Oh, definitely close to the company. I'm not a morning person, so I need to be near the office. You should live near me, Lisa!

Lisa: Sorry, Mary. The rent is too expensive. I want to save money. **③How about you**, Kota?

Kota: I'm with you, Lisa. I don't mind waking up early and commuting to work by train. You know, while **④commuting** I can listen to music.

Jimmy: Oh, come on, you guys. We should enjoy the city life **⑤while we're young**. There are so many things to do downtown.

Mary: Jimmy's right. Also, I want to **⑥get a dog**. If I live near the office, I can get home earlier and take it for longer walks.

Lisa: Mary, **⑦don't you** think your dog would be happier in the suburbs, **⑧where there's a lot** more space?

Mary: Yeah, you may be right, Lisa. Hmm, now I have to think again.

Kota: Well, I want space for my training equipment. I wouldn't have that space in a tiny downtown apartment.

Jimmy: That might be true for you, Kota. For me, a small

apartment downtown is just fine. In fact, I've already found a good one.

Lisa: Great! When can we come over?

問36と37

メアリー：わーい！　私たちはみんな街の中心部で就職したね！とてもほっとしているし、わくわくしている。

ジミー：そうだよね、メアリー！　ところで、君はオフィスの近くの家を借りるの？　それとも郊外？

メアリー：うん、絶対に会社の近くだね。朝型ではないから、職場の近くじゃなきゃだめなの。あなたも私の近くに住んでよ、リサ！

リサ：ごめん、メアリー。家賃が高すぎるの。私はお金を節約したい。あなたはどう、コウタ？

コウタ：僕は君に同意するよ、リサ。早起きして電車で通勤するのは気にならないんだ。通勤中に音楽を聴けるしね。

ジミー：おいおい、みんな。若いうちに都会の暮らしを楽しむべきだよ。街の中心部でやれることは、とても多いよ。

メアリー：ジミーの言うとおりだわ。それに、私は犬も飼いたい。もし職場の近くで暮らすなら、家に早く帰れるし、犬をより長く散歩させてやれるわ。

リサ：メアリー、もっと多くのスペースがある郊外の方が、犬が幸せだと思わない？

メアリー：ええ、あなたの言う通りかもね、リサ。うーん、もう一度考えないといけないね。

コウタ：ええと、僕はトレーニング機器のスペースが欲しい。狭い都心のアパートにはそのスペースがないだろうな。

ジミー：君だとそうかもしれないね、コウタ。僕には、都心の小さなアパートがちょうどいいんだ。実際に、僕はもうよいアパートを見つけたよ。

リサ：いいね！　いつ私たちは行けるの？

❶ We と all がつながり【ウィオーガッ（トゥ）】のように読まれています。

❷ and が弱形で前後がつながり【ウィリーヴドゥン イクサイティドゥ】のように読まれています。

❸ about の t が脱落し、【ハウバウユー】のように読まれています。

❹ commuting の t が【l】に似た音になり【コミューリン（グ）】のように読まれています。

❺ while が弱形で【ワイ】のようになり【ワイウィーァ ヤン（グ）】のように読まれています。

❻ get の t が【d】に似た音になり a とつながり【ゲダドッグ】のように読まれています。

❼ don't の t が you とつながり【ドンチュー】のように読まれています。

❽ where、there's ともに短く読まれて【ウェゼァズァロッ（トゥ）】のように読まれています。

■ 語彙リスト

（本文）

☐ downtown「街の中心部で」	☐ be relieved「ほっとしている」
☐ You said it.「その通りだ」	☐ suburb「郊外」
☐ definitely「絶対に」	☐ morning person「朝型の人」
☐ rent「家賃」	☐ expensive「高価な」
☐ save「節約する」	☐ be with you「あなたに賛成だ」
☐ mind「気にする」	☐ commute「通勤する」
☐ Come on.「おいおい」	☐ equipment「設備」
☐ tiny「ごく小さい」	☐ fine「申し分ない」
☐ come over「訪ねる」	

（選択肢）

☐ average「平均的な」	☐ exercise「運動」
☐ safety「安全」	☐ security「安全」

問36 ☐ **36** やや難

① ジミー

② リサ

③ ジミー、メアリー

④ コウタ、メアリー

得点力アップの POINT 30　メモ取りの技術　その4

　第6問のB問題は、○と×を使いながら、登場人物ごとに、設問のテーマに沿ってメモを取ることが重要です。名詞や動詞を中心にメモを取り、**特に問37で問題になる登場人物は、詳細にメモを取りましょう。** メモの取り方の例を記しておくので、参考にしてください。

（メモの取り方の例）

Mary	*downtown、close、company、* *× morning、near office、dog、near、think again*
Jimmy	*○ city、young、downtown*
Lisa	*× too expensive*
Kota	*○ early、commute、music、training、* *× downtown*

　設問の指示が、「会話が終わった時点で、街の中心部に住むことに決めた人」なので、そこを中心に聞き取ります。メアリーは第1発言で We all got **jobs downtown**!「私たちはみんな街の中心部で就

第 **6** 問

4人による長い会話問題

職したね！」、第2発言で**definitely close to the company**と言っていることから、最初は都心で生活をしたいと希望していることがわかります。ところが、第4発言で、リサの郊外をすすめる助言を受けて、**I have to think again**「もう一度考えないといけない」と言っています。設問の指示にある「会話の終わった時点」では、どちらか決めかねているので、正解にはなりません。よって、①、②に正解の候補を絞ります。

続いて、ジミーは第2発言第2文でWe should **enjoy the city life**「僕たちは**都会の生活を楽しむべきだ**」と言っており、街の中心部の生活をすすめています。最後の発言でも、「僕には、都心の小さなアパートがちょうどいいんだ。実際に、僕はもうよいアパートを見つけた」とあり、ジミーは街の中心部に住むことに決めているので、①が正解です。会話の前半だけでメアリーが街の中心部に住むと決めつけてしまうと、③を正解に選んでしまいがちです。メアリーのI have to think againをしっかりと聞き取ることができたら、正解を選べるでしょう。

リサは第1発言で、メアリーの街の中心部での暮らしをすすめる意見に対して、The rent is too expensive.「家賃が高すぎる」と言っているので、郊外を望んでいるとわかります。第2・3発言でも意見を変えるような発言をしていないので、リサは郊外暮らしを希望していると判断します。コウタは、第1発言で「早起きして電車で通勤するのは気にならない」と言い、第2発言でも「狭い都心のアパートではトレーニング機器のスペースがない」と言っていることから、郊外暮らしを希望しているとわかります。

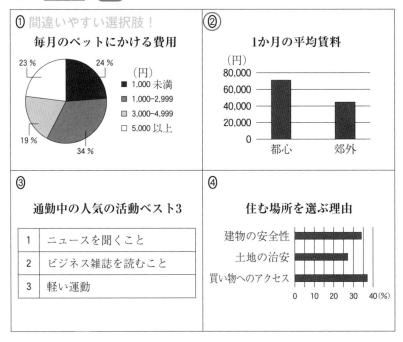

① 間違いやすい選択肢！

毎月のペットにかける費用

(円)
- ■ 1,000 未満
- ■ 1,000–2,999
- □ 3,000–4,999
- □ 5,000 以上

24 %
34 %
19 %
23 %

② **1か月の平均賃料**

(円)
80,000
60,000
40,000
20,000
0
都心　郊外

③

通勤中の人気の活動ベスト3

1	ニュースを聞くこと
2	ビジネス雑誌を読むこと
3	軽い運動

④ **住む場所を選ぶ理由**

建物の安全性
土地の治安
買い物へのアクセス

0 10 20 30 40 (%)

第6問 4人による長い会話問題

　リサの第1発言 **The rent is too expensive.** 「家賃が高すぎる」から、**街の中心部の暮らしの家賃の高さを懸念しているので、②が正解**になります。第2発言で犬に関して言及しているので、①が間違いやすい選択肢になります。しかし、「もっと多くのスペースがある郊外の方が、犬が幸せだ」と言っているだけで、**ペットにかかる費用に言及しているわけではないので、①は正解になりません**。③の「通勤中の活動」は、コウタの第1発言で「通勤中に音楽を聴ける」とあるだけで、リサはこの話題に触れていません。④も、リサの発言に関係ある項目はないので、正解にはなりません。

　＊次からは先読みのコツは、問題を解いたあとに掲載してあります。

B　　第6問Bは問36・問37の2問です。会話を聞き，それぞれの問いの答えとして最も適切なものを，選択肢のうちから一つずつ選びなさい。後の表を参考にしてメモを取ってもかまいません。**状況と問いを読む時間が与えられた後，音声が流れます。**

> 状況
> 四人の学生（Jeff, Sally, Matt, Aki）が，卒業研究について話をしています。

Jeff	
Sally	
Matt	
Aki	

問36　会話が終わった時点で，**単独での研究**を選択しているのは四人のうち何人でしたか。四つの選択肢（①〜④）のうちから一つ選びなさい。　36

① 1人

② 2人

③ 3人

④ 4人

問37　会話を踏まえて，Aki の考えの根拠となる図表を，四つの選択肢（①～④）の
うちから一つ選びなさい。　37

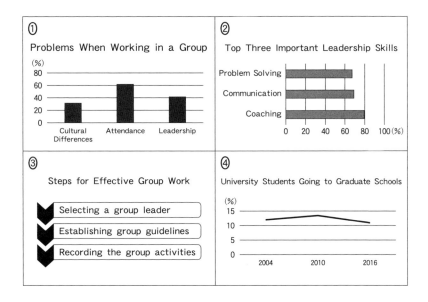

（令和5年度　追・再試験）

これで第6問Bは終わりです。

先読みのコツを知る

B 　第6問Bは問36・問37の2問です。会話を聞き，それぞれの問いの答えとして最も適切なものを，選択肢のうちから一つずつ選びなさい。後の表を参考にしてメモを取ってもかまいません。**状況と問いを読む時間が与えられた後，音声が流れます。**

> **①** テーマを理解すると、リスニングの内容理解に役立つので、チェックします。

状況

四人の学生（Jeff, Sally, Matt, Aki）が，卒業研究について話をしています。

Jeff	
Sally	
Matt	
Aki	

問36　会話が終わった時点で，単独での研究を選択しているのは四人のうち何人でしたか。四つの選択肢（①～④）のうちから一つ選びなさい。　**36**

> **②** 「単独での研究を好むか」を意識して、動詞や名詞を中心にメモを取ります。

① 　1人
② 　2人
③ 　3人
④ 　4人

③ アキの発言により注意して、メモを取ります。メモ欄の名前にチェックを入れておきましょう。

問37 会話を踏まえて，Akiの考えの根拠となる図表を，四つの選択肢(①〜④)のうちから一つ選びなさい。 37

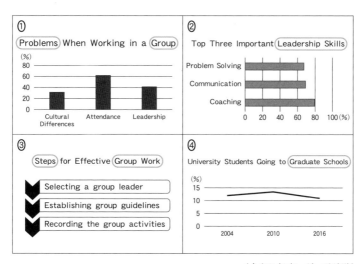

① Problems When Working in a Group

(%)
80
60
40
20
0
Cultural Differences / Attendance / Leadership

② Top Three Important Leadership Skills

Problem Solving
Communication
Coaching

0 20 40 60 80 100 (%)

③ Steps for Effective Group Work

▼ Selecting a group leader
▼ Establishing group guidelines
▼ Recording the group activities

④ University Students Going to Graduate Schools

(%)
15
10
5
0
2004   2010   2016

(令和5年度　追・再試験)

これで第6問Bは終わりです。

▶▶ 読み上げられた英文と訳

Questions No.36 and 37

Jeff: So, Sally, we have to ❶start thinking about graduation research.

Sally: I know, Jeff.

Jeff: And we can choose to work together as a group ❷or do it individually. I'm leaning towards the group project. What do you think, Matt?

Matt: Well, Jeff, ❸I'm attracted to the idea of doing it on my own. I've never attempted anything like that before. I want to try it. ❹How about you, Sally?

Sally: Same for me, Matt. I want to really deepen my understanding of the research topic. ❺Besides, I can get one-on-one help from a professor. Which do you prefer, Aki?

Aki: I prefer group work because I'd like to develop my communication skills in order to be a good leader in the future.

Jeff: Cool. Coming from Japan, you can bring a great perspective to a group project. I'd love to work with you, Aki. Matt, ❻don't you think it'd be better to collaborate?

Matt: Yes, it does sound fun, Jeff. Come to think of it, I can learn from other students if I'm in a group. We can ❼work on it together. Would you like to join us, Sally?

Sally: Sorry. It's better if I do my own research because I'm interested in graduate school.

Aki: Oh, too bad. Well, for our group project, what shall we do first?

Jeff: Let's choose the group leader. Any volunteers?

Aki:　I'll do it!

Matt:　Fantastic, Aki!

問36と37

ジェフ：ところで、サリー、僕たちは卒業研究について考え始めな
　　　　ければいけないよね。

サリー：わかってるわ、ジェフ。

ジェフ：そして、僕たちはグループとして一緒に研究をするか、個
　　　　人でやるかを選ぶことができる。僕はグループ研究に気持ちが傾
　　　　いている。君はどう？　マット。

マット：ええと、ジェフ、僕は1人で卒業研究をするという考えに
　　　　ひかれているよ。僕はそのようなことを以前に一度もやってみた
　　　　ことがない。それをやってみたいんだ。君はどう、サリー？

サリー：マット、私も同じよ。研究テーマに関して、本当に深く理
　　　　解したいの。それに加えて、教授から1対1で指導してもらえるわ。
　　　　アキはどっちがいい？

アキ：私は、将来よいリーダーになるために、コミュニケーション
　　　　技術を磨きたいので、グループワークの方がいいわ。

ジェフ：いいね。日本からやってきたから、君はグループ研究に素
　　　　晴らしい視点をもたらすことができる。僕は、アキ、ぜひ君と一
　　　　緒に研究したい。マット、協力してやる方がいいと思わない？

マット：うん、それは面白そうだね、ジェフ。考えてみると、グルー
　　　　プにいれば、他の学生から学ぶことができる。一緒にやろうよ。
　　　　君は僕たちと一緒にやりたい、サリー？

サリー：ごめん。私は大学院に興味があるから、自分の研究をやる
　　　　方がいいわ。

アキ：あら、とても残念だわ。では、私たちのグループ研究で、初
　　　　めに何をしましょうか。

ジェフ：グループリーダーを選ぼう。誰か志願する人いる？

アキ：私がやるわ！

マット：素晴らしいね、アキ！

聞き取りのコツ

❶ startのtが脱落してthinkingとつながり【スタースィンキン（グ）】のように読まれています。

❷ orが弱形でitのtがストップTで【オードゥイッ（トゥ）】のように読まれています。

❸ toが弱形で前後がつながり【アイムァトゥワクトゥドゥ ディアイディア】のように読まれています。

❹ aboutのtが脱落して【ハウバウユー】のように読まれています。

❺ besidesが【バサイズ】のように読まれています。

❻ don'tとyouがつながり【ドンチュー】のように読まれています。

❼ itのtがストップTでtogetherにつながり【ワークオニッ（トゥ）トゥギャザ】のように読まれています。

■ 語彙リスト

（本文）

☐ graduation「卒業」	☐ research「研究」
☐ individually「個別に」	☐ lean towards「〜に気持ちが傾く」
☐ be attracted to「〜に引き付けられる」	☐ on one's own「1人で」
☐ attempt「試す」	☐ deepen「深める」
☐ topic「テーマ」	☐ besides「さらに」
☐ one-on-one「一対一の」	☐ professor「教授」
☐ prefer「好きだ」	☐ skill「技術」
☐ in order to do「〜するために」	☐ leader「リーダー」
☐ cool「格好よい」	☐ perspective「視点」
☐ would love to do「〜したい」	☐ collaborate「協力する」
☐ sound「〜に思える」	☐ fun「楽しみ」
☐ come to think of it「（それについて）考えてみると」	

□ work on「～に取り組む」　　　　　□ graduate school「大学院」

□ volunteer「志願者」　　　　　　　□ fantastic「素晴らしい」

(選択肢)

□ attendance「参加」　　　　　　　□ leadership「リーダーシップ」

□ problem solving「問題解決」　　　□ step「段階」

□ effective「効果的な」　　　　　　□ select「選ぶ」

□ establish「確立する」　　　　　　□ guideline「指針」

□ record「記録する」

問36 **36** 標

(メモの取り方の例)

Jeff	*collaborate、choose leader*
Sally	*same、one-on-one help、my own*
Matt	*on my own、other students、together*
Aki	*group、communication、leader*

　設問の指示が、「会話が終わった時点で、**単独での研究を選択している人**」なので、そこを中心に聞き取ります。マットの第1発言 I'm attracted to the idea of doing it **on my own**.「僕は1人で卒業研究をするという考えに引かれているよ」から、彼はこの時点では**単独での研究を望んでいる**と判断します。メモには on my own と残しておけばよいでしょう。

　一方で、マットは、第2発言第2・3文 Come to think of it, I can learn from other students if I'm in a group. We can **work on it together**.「考えてみると、グループにいれば、他の学生から学ぶことができる。**一緒にやろうよ**」から、第2発言で**グループでの研究に希望を変えた**とわかります。

続いて、サリーは、マットの単独での研究にひかれる気持ちについて第2発言でSame for me「私も同じだわ」と言っているので、**単独での研究を望んでいる**とわかります。第3発言でもIt's better if I do **my own research** 〜.「自分の研究をする方がいい」と言っているので、やはり**単独での研究を望んでいる**と判断します。

次に、アキは、第1発言I prefer **group work** because 〜.「私は〜ので、**グループワークの方がいい**」や、最後の発言で**リーダーを希望している**ことからも、**グループでの研究を希望**しているとわかります。

最後に、ジェフの第3発言第3・4文I'd love to work with you, Aki. Matt, don't you think it'd be better to collaborate?「僕はアキ、ぜひ君と一緒に研究したい。マット、協力してやる方がいいと思わない?」から、**グループでの研究を望んでいる**とわかります。

まとめると、マットはグループ、サリーは単独、アキはグループ、ジェフもグループを望んでいるとわかるので、**① 1人が正解**とわかります。

問37 37 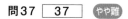 やや難

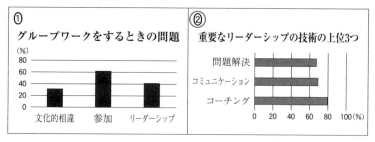

① グループワークをするときの問題

② 重要なリーダーシップの技術の上位3つ

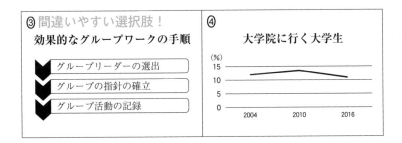

③ 間違いやすい選択肢！
効果的なグループワークの手順

- グループリーダーの選出
- グループの指針の確立
- グループ活動の記録

④
大学院に行く大学生

(%)
15
10
5
0

2004　　　　2010　　　　2016

　アキの発言に注目すると、第1発言 develop my **communication skills**、**a good leader** から、彼女は「よいリーダーを目指していて、コミュニケーション技術を磨きたい」と考えられます。第2発言で「グループ研究で、初めに何をしましょうか」と聞いていて、第3発言でリーダーに立候補しています。そこで、リーダーシップにおいて重要な技術を挙げている②と、効果的なグループワークの手順を示している③に正解の候補を絞ります。

　③が間違いやすい選択肢ですが、アキはあくまで、第2発言で「グループ研究で、初めに何をしましょうか」と言っているだけで、効果的なグループワークの手順については触れていません。一方で、第1発言では「よいリーダーになるために、コミュニケーション技術を磨きたい」とあり、これは「リーダーシップに重要な3つの能力の1つにコミュニケーションが挙げられている」②のグラフが根拠になりうるので、②が正解になります。

　誤りの選択肢を見ていくと、①の「グループワークをするときの問題」については、誰も言及していません。④の「大学院に行く大学生」は、サリーが最後の発言で「大学院に興味があるので、自分の研究をやる方がいい」と言っているだけで、アキの発言ではないので、正解にはなりません。

B 第6問Bは**問36・問37**の2問です。会話を聞き，それぞれの問いの答えとして最も適切なものを，選択肢のうちから一つずつ選びなさい。後の表を参考にしてメモを取ってもかまいません。**状況と問いを読む時間が与えられた後，音声が流れます。**

状況

四人の学生（Joe, Saki, Keith, Beth）が，Saki の部屋で電子書籍について意見交換をしています。

Joe	
Saki	
Keith	
Beth	

問36 会話が終わった時点で，電子書籍を**支持した**のは四人のうち何人でしたか。四つの選択肢（①~④）のうちから一つ選びなさい。 36

① 1人
② 2人
③ 3人
④ 4人

問37 会話を踏まえて，Joe の考えの根拠となる図表を，四つの選択肢（①〜④）のうちから一つ選びなさい。　37

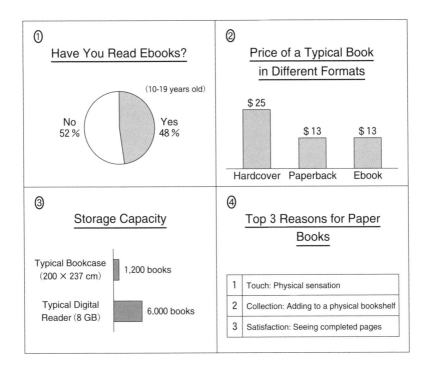

（令和4年度　追・再試験）

これで第6問Bは終わりです。

B 　第6問Bは問36・問37の2問です。会話を聞き，それぞれの問いの答えとして最も適切なものを，選択肢のうちから一つずつ選びなさい。後の表を参考にしてメモを取ってもかまいません。**状況と問いを読む時間が与えられた後，音声が流れます。**

① テーマを理解すると、リスニングの内容理解に役立つので、チェックします。

状況
　四人の学生（Joe, Saki, Keith, Beth）が，Saki の部屋で電子書籍について意見交換をしています。

Joe	
Saki	
Keith	
Beth	

問36　会話が終わった時点で，電子書籍を支持したのは四人のうち何人でしたか。四つの選択肢（①〜④）のうちから一つ選びなさい。　36

① 　1人
② 　2人
③ 　3人
④ 　4人

② 「電子書籍を支持した人」を意識して、動詞や名詞を中心にメモを取ります。

※番号の順に従って、チェックしましょう。

3 ジョーの発言により注意して、メモを取ります。
メモ欄の名前にチェックを入れておきましょう。

問37　会話を踏まえて，Joeの考えの根拠となる図表を，四つの選択肢（①～④）の
うちから一つ選びなさい。　| 37 |

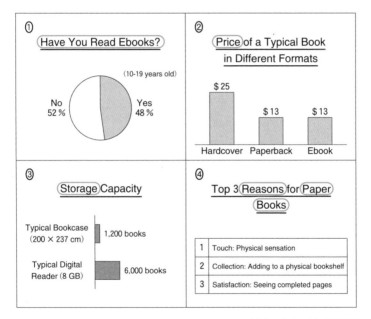

① Have You Read Ebooks?

(10-19 years old)

No
52%

Yes
48%

② Price of a Typical Book in Different Formats

$25　Hardcover
$13　Paperback
$13　Ebook

③ Storage Capacity

Typical Bookcase (200 × 237 cm)　1,200 books

Typical Digital Reader (8 GB)　6,000 books

④ Top 3 Reasons for Paper Books

1	Touch: Physical sensation
2	Collection: Adding to a physical bookshelf
3	Satisfaction: Seeing completed pages

（令和4年度　追・再試験）

これで第6問Bは終わりです。

解説

▶▶ 読み上げられた英文と訳

Questions No.36 and 37

Joe: Wow, Saki. ❶Look at all your books.

Saki: Yeah, maybe too many, Joe. I bet you read a lot.

Joe: Yeah, but I only read ebooks. ❷They're more portable.

Saki: Portable?

Joe: Well, for example, on long trips, you don't have to carry a bunch of books with you, right, Keith?

Keith: That's right, Joe. ❸And not only that, but ebooks are usually a lot cheaper than paper books.

Saki: Hmm... ebooks do sound appealing, but... what do you think, Beth? Do you read ebooks?

Beth: No. I like looking at the books I collect on my shelf.

Keith: Yeah, Saki's bookcase does look pretty cool. Those books must've cost a lot, though. I save money by buying ebooks.

Beth: That's so economical, Keith.

Joe: So, how many books do you actually have, Saki?

Saki: Too many. Storage is an issue for me.

Joe: Not for me. I've got thousands in my tablet, and it's still not full.

Keith: I know, Joe. And they probably didn't cost very much, right?

Joe: No, they didn't.

Saki: Even with my storage problem, I still prefer paper books because of the way they feel.

Beth: Me, too. Besides, they're easier to study with.

Keith: In what way, Beth?

Beth: I feel like I remember more with paper books.

Joe: And I remember that we have a test tomorrow. I'd better charge up my tablet.

問36と37

ジョー：わあ、サキ。君の本すべてを見てよ。

サキ：ええ、多すぎるかもしれない、ジョー。きっとあなたもたくさん読むのでしょうね。

ジョー：うん、けど電子書籍しか読まないんだ。携帯するのにもっと便利だよ。

サキ：携帯に便利？

ジョー：ええと、例えば、長旅では、何冊も本を持ち運ばなくてもいい、そうだよね、キース。

キース：その通りだね、ジョー。そして、それだけでなく、電子書籍は、たいていは紙の本よりもずっと安い。

サキ：うーん、電子書籍は確かに魅力的に思えるけど…　あなたはどう思う、ベス？　あなたは電子書籍を読む？

ベス：いいえ。私は自分の本棚に集めた本を見るのが好きなの。

キース：うん、サキの本棚は、かなり格好よく見える。もっとも、それらの本は、お金がたくさんかかったに違いないけれど。僕は、電子書籍を買うことで、お金を節約する。

ベス：それは、とても経済的ね、キース。

ジョー：ところで、君は実際何冊の本を持っているの、サキ？

サキ：多すぎるくらい。どう保管するかに私は頭を悩ませているの。

ジョー：僕には問題にならないよ。僕のタブレットには何千冊もあって、まだいっぱいではない。

キース：わかるよ、ジョー。そして、それらは、おそらくそんなにお金がかからなかったよね？

ジョー：うん、かからなかった。

サキ：保管の問題があっても、手触りがあるから、私はやはり紙の本が好きだよ。

ベス：私もよ。それに、紙の本は勉強がしやすい。

キース：どんな点で、ベス？

ベス：紙の本だと、より多くのことを覚えていられる感じがするの。

ジョー：そして、明日テストがあるのを思い出した。タブレットを
　充電しなきゃ。

聞き取りのコツ

❶ at、all、your がつながり【ルッカットゥオーァ】のように読まれ
ています。
❷ They're が【ゼァ】と短くなり more とつながり【ゼァモァ】の
ように読まれています。
❸ and が弱形で、not の t が【l】に似た音になり only とつながり【ア
ン ナッオゥンリィザッ(トゥ)】のように読まれています。

■ 語彙リスト

(本文)

☐ maybe「かもしれない」	☐ I bet ～.「きっと～と思う」
☐ ebook「電子書籍」	☐ portable「携帯可能な」
☐ a bunch of「たくさんの～」	☐ sound「～に思える」
☐ appealing「魅力的な」	☐ collect「集める」
☐ shelf「棚」	☐ bookcase「本棚」
☐ pretty「かなり」	☐ economical「節約できる」
☐ storage「保管」	☐ issue「問題」
☐ probably「おそらく」	☐ besides「さらに」
☐ charge up「充電する」	

（選択肢）

☐ typical「典型的な」	
☐ hardcover「ハードカバー（表紙がしっかりして硬い本）」	
☐ paperback「ペーパーバック（安価な製本の本）」	
☐ capacity「容量」	☐ touch「感触」
☐ physical「肉体の」	☐ sensation「感覚」

問36 　36 　標

（メモの取り方の例）

Joe	ebooks、portable、tablet、not full、not cost
Saki	too many、ebooks、appealing、storage、issue、paper books、feel
Keith	ebooks、cheaper、save money、ebooks、not cost
Beth	×、easier、study、remember、paper books

　設問の指示が、「会話が終わった時点で、**電子書籍を支持した人**」なので、そこを中心に聞き取ります。ジョーの第2発言で 〜 I only **read ebooks**. They're **more portable**.とあるので、**ジョーはこの時点で電子書籍を支持している**とわかります。第5発言でも、I've got **thousands in my tablet, and it's still not full**.「タブレットに何千冊も本が入っており、まだいっぱいではない」とあるので、**保管の点でも電子書籍を推している**と理解します。

　第6発言でも、キースの「それら（電子書籍）は、おそらくそんなにお金がかからなかったよね」に対して、No, they didn't.「かからなかった」と答えているので、**費用面でも電子書籍を支持**しており、**ジョーは電子書籍支持派**と判断できます。

続いて、キースは第1発言で、〜 **ebooks are usually a lot cheaper than paper books**.「電子書籍は、たいていは紙の本よりもずっと安い」と**費用面で電子書籍を推している**ことがわかります。第2発言の第3文でも **I save money by buying ebooks.**「僕は、電子書籍を買うことで、お金を節約する」と、**電子書籍を引き続き支持**しています。その姿勢は変わることはないので、**キースも電子書籍支持派**と判断できます。

次に、サキは第5発言 Even with my storage problem, I still **prefer paper books** because of the way they feel.「保管の問題があっても、手触りがあるから、私はやはり紙の本が好きだよ」から、**サキは紙の本を支持している**とわかります。

最後に、ベスは、第1発言で、サキの「電子書籍は読む？」という問いに対して、No. **I like looking at the books I collect on my shelf**.「いいえ。私は自分の本棚に集めた本を見るのが好きなの」から、**紙の本を推している**とわかります。第3発言でも、サキの「手触りがあるから紙の本が好きだ」という意見に対して、Me, too. Besides, **they're easier to study with**.「私もよ。それに、紙の本は勉強しやすい」とあります。さらに、最後の発言 I feel like **I remember more with paper books**.「紙の本だと、より多くのことを覚える感じがするの」から、**ベスも紙の本支持派**とわかります。

まとめると、**ジョーとキースが電子書籍を支持している**ので、**②**が正解になります。

問37 **37** やや難

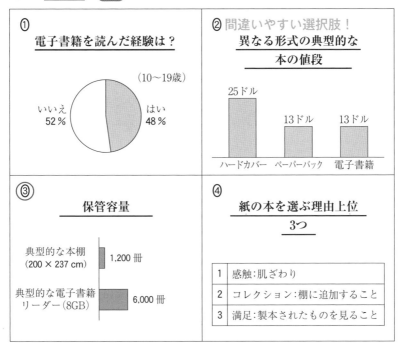

① 電子書籍を読んだ経験は？

（10〜19歳）

いいえ 52 ％　はい 48 ％

② 間違いやすい選択肢！
異なる形式の典型的な本の値段

25ドル　13ドル　13ドル

ハードカバー　ペーパーバック　電子書籍

③ 保管容量

典型的な本棚（200 × 237 cm）　1,200 冊

典型的な電子書籍リーダー（8GB）　6,000 冊

④ 紙の本を選ぶ理由上位3つ

1	感触：肌ざわり
2	コレクション：棚に追加すること
3	満足：製本されたものを見ること

第 **6** 問　4人による長い会話問題

　ジョーの発言に注目すると、第5発言 Not for me. **I've got thousands in my tablet, and it's still not full.**「僕にはそれは問題にならない。僕のタブレットには何千冊もあって、まだいっぱいではない」に着目します。これは、サキの「どう保管するかに私は頭を悩ませているの」に対する返答なので、**紙の本に対して、電子書籍の保管の利便性**を訴えているとわかります。よって、**電子書籍が紙の本の5倍の冊数を保管できることを示している③が正解**です。

　②が間違いやすい選択肢になります。キースの第3発言第2文 And they probably didn't cost very much, right?「それら（電子書籍）は、おそらくそんなにお金がかからなかったよね？」に対して、ジョーが No, they didn't.「うん、それらはあまりお金がかからなかった」と返しています。よって、②を正解と思うかもしれませんが、グラフをよく見ると、**ペーパーバック、すなわち安価な製本本と電子書**

357

籍の値段は同じです。よって、このグラフからは電子書籍が紙の本より安いとは言えず、ジョーが電子書籍を支持する理由にはならないので、②は正解になりません。

　①の「電子書籍を読んだ経験の有無」は、ジョーが電子書籍を支持する根拠である、保管の利便性と関係がありません。④の「紙の本を選ぶ理由」も、そもそもジョーは電子書籍を推しているので、関係のない選択肢とわかります。

試作問題

1人による講義文・ワークシート作成問題

ここで差をつける!

- ワークシートの先読みが重要!!
- 試作問題は、本文の内容と途中で読み上げられるAとBの発言を照合する!!
- 最後の問題はグラフの読み取りに注意する!!

試作問題の全体像をつかむ

きめる！ KIMERU SERIES

ここが問われる！ 講義をもとにワークシートの空欄を埋めていく問題が出題!!
試作問題で新たに登場した問題に注意!!

ここできめる!
- ワークシートの先読みが重要!!
- 試作問題は、本文の内容と途中で読み上げられるＡとＢの発言を照合する!!
- 最後の問題はグラフの読み取りに注意する!!

試作問題とは、どんな問題ですか？

　試作問題とは、共通テストの作成機関である、大学入試センターがホームページ上で令和4年度に公表した問題です。Ａ、Ｂ、Ｃの3つの問題が公表され、Ａ、Ｂはリーディング、Ｃはリスニングの問題でした。この第Ｃ問は令和3年度本試験の第5問を改変していることから、**難易度が高い現行の第5問の代わりの問題として想定している可能性があります**。大学入試センターのホームページ上の、「必ずしも今後この形式の問題が出題されるわけではない」という表現から、**最低限の対策をしたうえで**、**本番でこの形式が出題されても動じない心構えをしておくこと**が重要でしょう。

試作問題の配点を教えてください。

　配点は問27が3点、問28、問29は2つ正解で2点、問30、問31が2つ正解で2点、問32は4点、問33は4点で、合計15点になります。

> 試作問題では、どんな力が必要とされますか？

　第5問と同様に、**メリハリをつけて音声を聞き取る力、全体を理解して選択肢と照らし合わせる力、グラフと英語表現を照合する力**が必要とされます。

> 試作問題で高得点を取るには、どうしたらよいですか？

　まずは、**ワークシートの先読みが重要**です。空所に入るのがどのような内容なのかを先読みでチェックすることで、リスニングにメリハリが生まれます。それによって、正答率がぐんと高まるでしょう。特に、変更のあった問32と問33については次のページからの演習で先読みから解答までの流れをしっかりつかんでください。**問32は聞き取った本文の内容と選択肢との照合作業が必要**です。**問33は解答に直結する英文が流れるので、集中して聞き取る必要があります。**

試 作 問 題 の ま と め

- 試作問題は、第5問の代わりとして出題される可能性のある問題。本番で、この形式が出題されても、動じない心構えと、最低限の対策をすることが重要。
- 配点は15点で、従来の第5問から、問32と問33が変更された。
- 試作問題では、**メリハリをつけて音声を聞き取る力、全体を理解して選択肢と照らし合わせる力、グラフと英語表現を照合する力**が必要とされる。
- **ワークシートの先読みが重要**。次の「先読みのコツを知る」で解説する。

1人による講義文・ワークシート作成問題

STEP 1 先読みのコツを知る

第C問 （配点 15） <u>音声は1回流れます。</u>

第C問は問27から問33の7問です。

最初に講義を聞き，問27から問31に答えなさい。次に問32と問33の音声を聞き，問いに答えなさい。<u>状況，ワークシート，問い及び図表を読む時間が与えられた後，音声が流れます。</u>

① 全体のテーマをチェックします。

状況

あなたはアメリカの大学で，幸福観についての講義を，ワークシートにメモを取りながら聞いています。

ワークシート

③ World Happiness Report の目的が27に入ることを理解し、promote、happiness、well-being といった周辺語をチェックして、選択肢に戻ります。

○ **World Happiness Report**

・Purpose: To promote 〔 27 〕 happiness and well-being

・Scandinavian countries: Consistently happiest in the world（since 2012）

Why? ⇒ **"Hygge"** lifestyle in Denmark

⬇ spread around the world in 2016

○ **Interpretations of Hygge**

	Popular Image of Hygge	Real Hygge in Denmark
What	28	29
Where	30	31
How	special	ordinary

⑥ Hygge の解釈が28～31に入るとわかります。
Popular Image、Real Hygge、What、Where をチェックします。28～31の選択肢は先読み不要です。

※番号の順に従って、チェックしましょう。

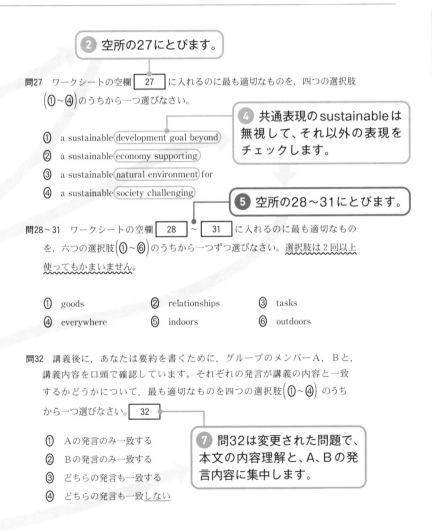

2 空所の27にとびます。

問27　ワークシートの空欄　27　に入れるのに最も適切なものを，四つの選択肢（①～④）のうちから一つ選びなさい。

4 共通表現のsustainableは無視して、それ以外の表現をチェックします。

① a sustainable development goal beyond
② a sustainable economy supporting
③ a sustainable natural environment for
④ a sustainable society challenging

5 空所の28～31にとびます。

問28～31　ワークシートの空欄　28　～　31　に入れるのに最も適切なものを，六つの選択肢（①～⑥）のうちから一つずつ選びなさい。選択肢は2回以上使ってもかまいません。

① goods　　　② relationships　　　③ tasks
④ everywhere　⑤ indoors　　　　　⑥ outdoors

問32　講義後に，あなたは要約を書くために，グループのメンバーA，Bと，講義内容を口頭で確認しています。それぞれの発言が講義の内容と一致するかどうかについて，最も適切なものを四つの選択肢（①～④）のうちから一つ選びなさい。　32

① Aの発言のみ一致する
② Bの発言のみ一致する
③ どちらの発言も一致する
④ どちらの発言も一致しない

7 問32は変更された問題で、本文の内容理解と、A、Bの発言内容に集中します。

問33　講義の後で，Joe と May が下の図表を見ながらディスカッションをしています。ディスカッションの内容及び講義の内容からどのようなことが言えるか，最も適切なものを，四つの選択肢(①〜④)のうちから一つ選びなさい。 ┃ 33 ┃

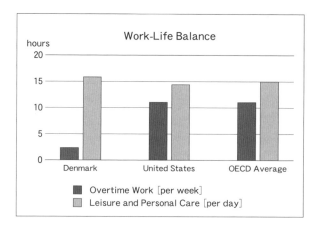

① People in Denmark do less overtime work while maintaining their productivity.

② People in Denmark enjoy working more, even though their income is guaranteed.

③ People in OECD countries are more productive because they work more overtime.

④ People in the US have an expensive lifestyle but the most time for leisure.

第C問 （配点 15） <u>音声は１回流れます</u>。

第C問は**問 27**から**問 33**の７問です。

最初に講義を聞き，**問 27**から**問 31**に答えなさい。次に**問32**と**問33**の音声を聞き，問いに答えなさい。<u>状況，ワークシート，問い及び図表を読む時間が与えられた後，音声が流れます</u>。

試作問題

1人による講義文・ワークシート作成問題

状況

あなたはアメリカの大学で，幸福観についての講義を，ワークシートにメモを取りながら聞いています。

ワークシート

○ **World Happiness Report**

・Purpose: To promote 〔 27 〕 happiness and well-being

・Scandinavian countries: Consistently happiest in the world （since 2012）

Why? ⇒ **"Hygge"** lifestyle in Denmark

↓ spread around the world in 2016

○ **Interpretations of Hygge**

	Popular Image of Hygge	Real Hygge in Denmark
What	28	29
Where	30	31
How	special	ordinary

問27 ワークシートの空欄 27 に入れるのに最も適切なものを，四つの選択肢 (①～④) のうちから一つ選びなさい。

① a sustainable development goal beyond

② a sustainable economy supporting

③ a sustainable natural environment for

④ a sustainable society challenging

問28～31 ワークシートの空欄 28 ～ 31 に入れるのに最も適切なものを，六つの選択肢 (①～⑥) のうちから一つずつ選びなさい。選択肢は2回以上使ってもかまいません。

① goods   ② relationships   ③ tasks

④ everywhere   ⑤ indoors   ⑥ outdoors

問32 講義後に，あなたは要約を書くために，グループのメンバーA，Bと，講義内容を口頭で確認しています。それぞれの発言が講義の内容と一致するかどうかについて，最も適切なものを四つの選択肢 (①～④) のうちから一つ選びなさい。 32

① Aの発言のみ一致する

② Bの発言のみ一致する

③ どちらの発言も一致する

④ どちらの発言も一致しない

問33 講義の後で，Joe と May が下の図表を見ながらディスカッションをしています。ディスカッションの内容及び講義の内容からどのようなことが言えるか，最も適切なものを，四つの選択肢（①～④）のうちから一つ選びなさい。 33

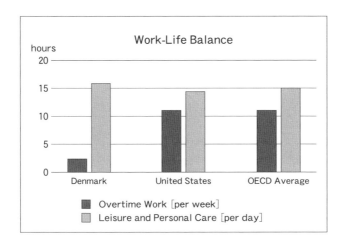

① People in Denmark do less overtime work while maintaining their productivity.

② People in Denmark enjoy working more, even though their income is guaranteed.

③ People in OECD countries are more productive because they work more overtime.

④ People in the US have an expensive lifestyle but the most time for leisure.

解答 問27 ② 問28 ① 問29 ② 問30 ⑤
問31 ④ 問32 ③ 問33 ①

解説

▶▶ **読み上げられた英文と訳**

Questions No.27 to 31

【第1段落】

❶What is happiness? Can we be happy and promote sustainable development? Since 2012, the *World Happiness Report* has been issued by a United Nations organization to develop new approaches to economic sustainability for the sake of happiness and well-being. The reports show that Scandinavian countries are consistently ranked as the happiest societies ❷on earth. But what makes them so happy? In Denmark, for example, leisure time is often spent with others. That kind of environment makes Danish people happy thanks to a tradition called "hygge," spelled H-Y-G-G-E. Hygge means coziness or comfort and describes the feeling of being loved.

【第2段落】

This word became well-known worldwide in 2016 as an interpretation of mindfulness or wellness. Now, hygge is ❸at risk of being commercialized. But hygge is ❹not about the material things we see in popular images like candlelit rooms and cozy bedrooms with hand-knit blankets. Real hygge happens anywhere—in public or in private, indoors or outdoors, with or without candles. The main point of hygge is to live a life connected with loved ones while making ordinary essential tasks meaningful and joyful.

Perhaps Danish people are better at appreciating the small, "hygge" things in life because they have no worries about basic necessities. Danish people willingly pay from 30 to 50 percent of their income in tax. These high taxes pay for a good welfare system that provides free healthcare and education. Once basic needs are met, more money doesn't guarantee more happiness. While money and material goods seem to be highly valued in some countries like the US, people in Denmark place more value on socializing. Nevertheless, Denmark has above-average productivity according to the OECD.

【第1段落】

　幸福とは何か。私たちは幸せになって持続可能な発展を促進できるだろうか？　2012年以降、幸福や健康のための経済的な持続可能性につながる新しいアプローチを発展させるために、「世界の幸福度調査」が国連組織によって発行されている。その報告によると、スカンジナビア諸国は一貫して世界で最も幸せな社会として位置づけられる。しかし、なぜ彼らはそんなに幸せなのか？　例えば、デンマークでは、余暇の時間はたいてい他人と過ごす。その種の環境がデンマーク人を幸せにするのは、H-Y-G-G-Eと綴られ「ヒュッゲ」と呼ばれる伝統のおかげである。ヒュッゲとは、くつろぎや快適さ、そして愛されているという感情を意味する。

【第2段落】

　この言葉は、マインドフルネスやウェルネスの解釈として、2016年に世界中でよく知られるようになった。今や、ヒュッゲは商業化されるリスクにさらされている。しかし、ヒュッゲとはキャンドルに照らされた部屋や手編みの毛布がある居心地のよい寝室のような、私たちが一般的なイメージで目にする物質的なものではない。本当のヒュッゲとは、公的な場所、私的な場所、屋内、屋外、キャンドルがあろうとなかろうと、どこでも起こるものだ。ヒュッ

ゲの重要な点は、通常の不可欠な作業を意義のある喜ばしいものにしながら、大好きな人たちとのつながりのある暮らしを送ることだ。

【第3段落】

　ひょっとしたらデンマーク人は、基本的な生活必需品についての心配がないので、暮らしの中の小さな「ヒュッゲ」というものに感謝するのがより上手なのかもしれない。デンマーク人は収入の30～50％をすすんで税金として収める。この高い税金が無料の医療や教育を提供する十分な福祉制度に使われる。一度基本的な必要性が満たされると、お金が多くても、それだけ幸せが増えることを保証するものではない。アメリカのような一部の国では、お金や有形財が非常に評価されているようだけれども、デンマークの人は、人と交流することにより多くの価値を置く。それにもかかわらず、デンマークは、OECDによると、平均以上の生産性がある。

 聞き取りのコツ

❶ WhatのtがフラップTで【l】のような音になり、【ワリィズ】のように読まれています。
❷ onとearthがくっついて【オンナース】のように読まれています。
❸ atのtがストップTで【アッ(トゥ)ウィスク】のように読まれています。
❹ notのtがストップTで【ナッ(トゥ)ァバウトゥ】のように読まれています。

■ ワークシートの全訳

○ **世界の幸福度調査**
・目的：幸福や健康〔 27 〕を促すため
・スカンジナビア諸国：世界でずっと一番幸福（2012年以降）
　なぜ?⇒　デンマークの「**ヒュッゲ**」という生活様式
　　↓ 2016年に世界中に広がった
○ **ヒュッゲの解釈**

	ヒュッゲの一般的なイメージ	デンマークの本当のヒュッゲ
何を	28	29
どこで	30	31
どのような	特別な	通常の

■ 語彙リスト

【第1段落】

☐ promote「促進する」	☐ sustainable「持続可能な」
☐ issue「発行する」	☐ the United Nations「国連」
☐ organization「組織」	☐ approach「アプローチ、方法」
☐ for the sake of「〜のために」	☐ well-being「健康」
☐ consistently「一貫して」	☐ be ranked as「〜に位置づけられる」
☐ leisure「余暇」	☐ thanks to「〜のおかげで」
☐ coziness「くつろぎ」	☐ comfort「快適さ」

【第2段落】

- [ ] interpretation「解釈」
- [ ] mindfulness「マインドフルネス」*いま起こっていることに注意を向けること
- [ ] wellness「健全さ」
- [ ] at risk of「〜のリスクに瀕して」
- [ ] commercialize「商業化する」
- [ ] material「物質的な」
- [ ] candlelit「キャンドルに照らされた」
- [ ] ordinary「通常の」
- [ ] essential「不可欠な」
- [ ] task「仕事」
- [ ] meaningful「意義のある」
- [ ] joyful「喜ばしい」

【第3段落】

- [ ] appreciate「感謝する」
- [ ] necessities「必需品」
- [ ] willingly「すすんで」
- [ ] income「収入」
- [ ] tax「税金」
- [ ] welfare「福祉」
- [ ] healthcare「医療」
- [ ] once「一度〜すると」
- [ ] guarantee「保証する」
- [ ] goods「品物」
- [ ] place A on B「AをBに置く」
- [ ] socialize「人と交流する」
- [ ] nevertheless「それにもかかわらず」
- [ ] productivity「生産性」

問27 　27　 標

① 〜を超えた持続可能な開発目標

② 〜を支える持続可能な経済

*③ 〜のための持続可能な自然環境 　間違いやすい選択肢！

④ 〜に挑む持続可能な社会

　読み上げられた英文の第1段落第3文で *World Happiness Report* が登場するので、ここから集中して聞き取ります。同じ文の後半に to develop new approaches to **economic sustainability for the sake of happiness and well-being**「幸福や健康のための経

済的な持続可能性につながる新しいアプローチを発展させるために」と目的が書かれているので、②が正解とわかります。**本文のfor the sake of happiness and well-beingが②を使ったsupporting happiness and well-beingにパラフレーズされている**ことを理解しましょう。

　誤りの選択肢を見ていくと、①のbeyondと空所の後ろをつなげると「幸福や健康を超えた持続的な開発目標を促進するため」となり、上で見た文のfor the sake of happiness and well-beingに反します。③は一見するともっともらしいですが、読み上げられた英文では、**natural environment「自然環境」に関する言及はありません**。あくまでeconomic sustainability「経済的な持続可能性」がテーマなので、③は正解にはなりません。④も、空所の後ろとつなげると「幸福や健康に挑む持続的な社会」となってしまい、意味が合わないので、正解にはなりません。

問28・問30 　28 ・ 30 　標

　① 品物　　　　② 関係　　　　③ 作業
　④ いたる所で　⑤ 屋内で　　　⑥ 屋外で

　読み上げられた英文の第2段落第3文But **hygge is not about the material things we see in popular images** like candlelit rooms and cozy bedrooms with hand-knit blankets.「しかし、ヒュッゲとはキャンドルに照らされた部屋や手編みの毛布がある居心地のよい寝室のような、**私たちが一般的なイメージで目にする物質的なものではない**」に着目します。ここから、ヒュッゲとは一般的なイメージでは何らかのものを指すとわかるので、material thingsをパラフレーズした①goods「品物」が 　28 　に入るとわかります。

　さらに、like candlelit rooms and cozy bedrooms with hand-

knit blankets「キャンドルに照らされた部屋や手編みの毛布がある居心地のよい寝室のような」から、一般的なイメージのヒュッゲは屋内で行われるとわかるので、| 30 |には⑤**indoors**が入るとわかります。

問29・問31　| 29 |・| 31 |　やや難
① 品物　　　　　② 関係　　　　③ 作業
④ いたる所で　　⑤ 屋内で　　　⑥ 屋外で

続いて、読み上げられた英文の第2段落第4文 **Real hygge happens anywhere**—in public or in private, indoors or outdoors, with or without candles.「本当のヒュッゲとは、公的な場所、私的な場所、屋内、屋外、キャンドルがあろうとなかろうと、**どこでも起こるものだ**」に着目します。ここから、| 31 |には**anywhere**「どこでも」をパラフレーズした④ **everywhere**が入るとわかります。

次に、同段落第5文 The main point of hygge is to live a life **connected with loved ones** while making ordinary essential tasks meaningful and joyful.「ヒュッゲの重要な点は、通常の不可欠な作業を意義のある喜ばしいものにしながら、**大好きな人たちとのつながりのある**暮らしを送ることだ」に着目します。ここから、| 29 |には、**connected with loved ones**「大好きな人たちとつながりのある」をまとめた② **relationships**が入るとわかります。relationshipは、特に「**人間同士**の関係」という意味であることをおさえておきましょう。

問32　| 32 |　標
▶▶ 読み上げられた英文と訳
Question No.32
Student A: Danish people accept high taxes which provide basic needs.

Student B: Danish people value spending time with friends more than pursuing money.

学生Ａ：デンマーク人は基本的な必需品を提供する高い税金を受け入れる。

学生Ｂ：デンマーク人は、お金を追求するより、友人と時間を過ごすことに価値を置く。

◼ 語彙リスト

☐ Danish「デンマークの」　　　　☐ accept「受け入れる」

☐ tax「税金」　　　　　　　　　　☐ provide「提供する」

☐ basic needs「基本的な必需品」　　☐ value「価値を置く」

☐ pursue「追求する」

　講義の第3段落第2文 Danish people willingly pay from 30 to 50 percent of their income in tax. 「デンマーク人は、収入の30～50％をすすんで税金として納める」に着目します。ここから、学生Ａの Danish people accept high taxes までは一致するとわかります。学生Ａの発言の後半の which provide basic needs は、同段落第3文の These high taxes pay for a good welfare system that provides free healthcare and education. 「この高い税金が無料の医療や教育を提供する十分な福祉制度に使われる」と一致するので、学生Ａの発言は講義の内容と合うと判断します。

　続いて、講義の第3段落第5文 While money and material goods seem to be highly valued in some countries like the US, people in Denmark place more value on socializing. 「アメリカのような一部の国では、お金や有形財が非常に評価されているようだけれども、デンマークの人は、人と交流することにより多くの価値を置く」の後半から、学生Ｂの発言も一致しているとわか

るので、正解は③になります。本文のpeople in Denmark place more value on socializingが、学生BのDanish people value spending time with friendsにパラフレーズされていることを理解しましょう。ちなみに、有形財とは、形があり何らかの価値のあるものを指します。

問33 | 33 | 標

▶▶ 読み上げられた英文と訳

Question No.33

Joe: Look at this graph, May. People in Denmark value private life over work. How can they be so productive?

May: Well, based on my research, studies show that working too much overtime leads to lower productivity.

Joe: So, working too long isn't efficient. That's interesting.

ジョー：このグラフを見て、メイ。デンマークの人は、仕事よりもプライベートな生活に価値を置いている。どうやって彼らはそんなに生産的になれるのかな？

メイ：ええと、私の調査に基づくと、残業のしすぎは、生産性が低くなると、研究でわかっているよ。

ジョー：そうすると、あまりに長い時間働くのは、効率的ではないんだ。それは興味深いなあ。

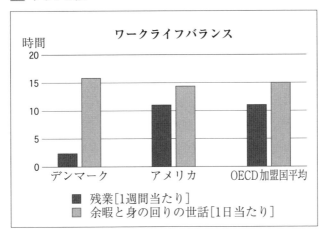

ワークライフバランス

時間

- 残業［1週間当たり］
- 余暇と身の回りの世話［1日当たり］

（横軸：デンマーク、アメリカ、OECD加盟国平均）

■ 語彙リスト

☐ productive「生産的な」　　　☐ based on「〜に基づいて」

☐ research「調査、研究」　　　☐ lead to「〜を引き起こす」

☐ efficient「効率のよい」

■ 選択肢の訳

① デンマーク人は生産性を維持しながら、残業が少ない。

② デンマーク人は収入が保証されているけれども、もっと働くのを楽しんでいる。

③ OECD加盟国の人は、より残業をするからより生産性がある。

④ アメリカ人は、お金のかかるライフスタイルだが、余暇の時間を最も多く持っている。

　グラフを見ると、**デンマークは、残業が少なくて、余暇や身の回りの世話に費やす時間が多い**とわかります。さらに、ジョーの第1発言第3文How can they be so productive?「どうやって彼らはそんなに生産的になれるのか？」から、**デンマーク人は生産性が高**

いとわかるので、①が正解になります。

　誤りの選択肢を見ていくと、②は、ジョーの第1発言第2文People in Denmark value private life over work.「デンマークの人は、仕事よりもプライベートな生活に価値を置く」に反します。③について検討すると、ジョーの第1発言第3文のtheyは前文のPeople in Denmarkを指しており、「OECD加盟国の人が、生産性が高い」という話は出てきません。④は、グラフから、デンマーク人の方がアメリカ人よりも余暇や身の回りの世話に費やしている時間が長いとわかるので、④も正解にはなりません。

[著者]

肘井　学　Hijii Gaku

慶應義塾大学文学部英米文学専攻卒業。さまざまな予備校の教壇に立ち、現在はリクルート主催のネット講義サービス「スタディサプリ」に出講。その授業は、高校生から英語を学び直す社会人まで、圧倒的な満足度を誇る。特に、「英文読解」の講座は年間約25万人が受講する盛況ぶり。また、全国各地の高校で講演活動も行う。著書に、『大学入試 肘井学の 読解のための英文法が面白いほどわかる本』『10代のきみに読んでほしい人生の教科書』(以上、KADOKAWA)などがある。

きめる！　共通テスト　英語リスニング　改訂版

編 集 協 力	日本アイアール株式会社
カバーデザイン	野条友史（buku）
カバーイラスト	杉山真依子
本文デザイン	宮嶋章文
本文イラスト	ハザマチヒロ
校　　　正	石川道子、今居美月
	株式会社かえでプロダクション
英 文 校 閲	Andrew McAllister
音 声 収 録	ELEC
印 刷 所	TOPPAN株式会社
デ ー タ 制 作	株式会社ユニックス

Gakken

EL

きめる！ KIMERU SERIES

［別冊］

英語リスニング 改訂版
English Listening

直前まで役立つ！
完全対策BOOK

この別冊は取り外せます。矢印の方向にゆっくり引っぱってください。➡

きめる！ KIMERU SERIES

別冊の特長

別冊では、本冊で取り上げた各大問の特徴をまとめて、共通テスト英語リスニング全体の特徴として整理しました。また、本冊で紹介した得点力アップのPOINTも一覧にしてまとめました。いずれのPOINTも知っておくと、共通テスト英語リスニングの得点アップにつながるものばかりなので、本冊を終えたあとから模擬試験や共通テスト本番直前まで、この別冊を使って確認してください。

もくじ

共通テスト英語リスニングの
全体像をつかむ ………………………………………… 002

読むだけで点数アップ！
得点力アップのPOINT集 ……………………………… 005

共通テスト英語リスニングの全体像をつかむ

共通テスト英語リスニングでは、どんな問題が出題されますか？

　第1問は**1人の発話と合致する英文、イラストを選ぶ問題**です。第2問は、**2人の対話と一致するイラストを選ぶ問題**です。第1問、第2問はどちらも英文が2回読まれるので、比較的簡単な問題が多いと言えるでしょう。

　第3問は、**男女2人の対話を聞いて、問の答えを選ぶ問題**です。第3問からは1回しか英文は読まれません。第4問は、**話を聞き、その情報から図表の項目を特定する、あるいは条件を最も満たす選択肢を選ぶ問題**です。比較的簡単な問題が多いと言えるでしょう。

　第5問は**講義を聞いて、それをもとにワークシートの空欄を埋めていく問題**です。共通テストリスニングの最大の難所ですが、本書で説明したコツや解法をおさえれば、得点源にもなる問題です。

　第6問は、A問題は**2人による対話を聞き、その内容と合致する選択肢を選ぶ問題**です。B問題では、**はじめて4人が登場する会話が展開されます。その会話を聞き、その内容と合致する選択肢を選びます。**

共通テスト英語リスニングの大問ごとの
配点を教えてください。

大問	配点
第1問A	16点
第1問B	9点
第2問	16点
第3問	18点
第4問A	8点
第4問B	4点
第5問	15点
第6問A	6点
第6問B	8点

　上の配点を見ると、第1問と第2問で計41点と、共通テストリスニング全体の4割を占めていることがわかります。第5問は最大の難所であるものの、配点は15点です。たとえ第5問で数問落としたとしても、他の簡単な問題を正解できれば、十分に高得点を狙えることを覚えておいてください。

共通テスト英語リスニングでは、
どんな力が必要とされますか？

　第1問～第6問のすべての問題で、**「先読み」が重要**です。ただし問題によって、どこを先読みすればよいのかが変わってくるので、注意が必要です。**特に第3問では状況設定と設問だけを先読みして、選択肢は先読みしません。第5問ではワークシートの先読みが重要**です。

　第4問からは、**「メモ取りの力」も重要**になります。B問題では、**A～Cの条件を満たすかどうかを、〇、△、×を使ってメモを取ります**。第5問では、**ワークシートで先読みした情報に関連す**

共通テスト英語リスニングの全体像をつかむ

る内容のメモを取ります。第6問のＢ問題では、特にメモを取る力が重要になります。**登場人物ごとに名詞、動詞を中心に聞きながらメモを取る練習を繰り返しましょう。**

> 共通テスト英語リスニングで高得点を取るには、
> どうすればよいですか？

　これまでに述べてきたように、設問ごとの特徴をおさえて、先読みの技術を磨くことが重要です。そして、根本のリスニング能力である、**英語の音声を聞き取る、理解するといった力を高めていくこと**も重要です。それには、本冊で紹介した**オーバーラッピング、シャドーイングで英文を10回音読することを毎日積み重ねること**が、一番の近道になります。

共通テスト英語リスニングのまとめ

- 第1問、第2問は英文が2回読まれるので、比較的簡単な問題が多い。第3問から英文は1回しか読まれないので、難易度が上がる。第4問はコツさえつかめば、比較的簡単な問題が多い。**第5問は最大の難所だが、本書で説明したコツや解法をおさえれば、得点源にもなる。**第6問のＢ問題では、4人による会話を聞き、その内容と合致する選択肢を選ぶ問題。
- 第1問と第2問で計41点と、共通テスト全体の4割を占めている。**たとえ第5問で数問落としても、他の簡単な問題を正解できれば、十分に高得点を狙える。**
- 問題ごとに異なる**先読みの方法をマスターして、メモ取りを練習する**ことも重要。
- 高得点を取るには根本のリスニング能力を上げることが重要。そのためには**オーバーラッピング、シャドーイングで英文を10回音読することを毎日積み重ねることが、一番の近道。**

きめる!
KIMERU SERIES

読むだけで点数アップ!

得点力アップの
POINT集

接続詞（助動詞）と Iの連結（リンキング）

　but Iは、多くの場合、**butとIをつなげて1語であるかのように発音**されます。この現象は連結（リンキング）と呼ばれており、**自分で発音できないと聞き取れない**ので、注意が必要です。ここでは典型的な接続詞（助動詞）とIの連結をまとめます。

連結表現	読みかた	例　文
but I	バライ	I'm looking for my house key, **but I** can't find it anywhere. 「家のカギを探しているが、どこにも見つからない」
when I	ウェナイ	He had already left **when I** arrived. 「私が着いたとき、彼はすでに出発していた」
can I	キャナイ	**Can I** use your bathroom? 「トイレをお借りできますか？」

POINT **2** ストップT(D)

　sentのようなtで終わる単語は、語末を【トゥ】とはっきり発音せずに、**トゥの口の形から、息を止めます**。音が消えているわけではないのですが、この**ストップT**がわかると、発音にもリスニングにも強力な武器になります。このルールはdにも適用され、**ストップD**というルールもあります。

　tやdで終わる単語以外に、tやdの直後に子音が来る単語や表現にも、ストップTやストップDは適用されます。ここでは典型的なものをまとめておきます。

t(d)で 終わる単語	sent ／ cat ／ can't ／ that ／ won't ／ might ／ without good ／ should ／ would ／ could ／ had ／ bad ／ red
真ん中に t(d)が来る 英語表現	basketball ／ football ／ outside「外側に」 nightmare「悪夢」／ definitely「明確に」 absolutely「絶対に」／ exactly「正確に」／ lately「最近」 sandwich ／ Good morning. ／ Good night.

POINT 3 メモ取りの技術　その1

　何かの比較表現が出てきたら、メモを取って事実関係を整理
しましょう。

> *bow(ling) > bad(minton)*
> *ten(nis)*

　上の例で示したように、**比較表現で表された何かの優劣を示す**
には、不等号の＞を使ってメモをし、**最上級で表現されたものに**
は〇を付けておけばよいでしょう。～の方が背が高い[足が速い、
値段が高い]など、あらゆる比較級でこの不等号は使えます。また、
英単語のスペリングの頭文字だけをメモしたり、すぐにスペリング
が思いつかない場合はカタカナでメモするのもよいでしょう。

POINT 4 頻出の提案表現

　頻出の提案表現に**What about ～?**と**How about ～?**があ
ります。相手に「**～しませんか？**」と提案する表現です。Whatと
aboutはひとカタマリで発音されて、**【ワラバウ(トゥ)】**のように
発音されます。**【トゥ】**はストップTで、はっきりとは聞こえない
ことの方が多くなります。How aboutも、ひとカタマリで発音さ
れて、**【ハウバウ(トゥ)】**のように発音されます。

提案表現	読みかた	例　　文
What about ～?	ワラバウ(トゥ)	**What about** having lunch together? 「一緒に昼食でもどうですか？」
How about ～?	ハウバウ(トゥ)	**How about** a movie? 「映画でもどうですか？」

mindを使った疑問文には、**Do you mind if I ～？**「私が～してもいいですか？」という**許可を求める表現**があります。一方で、**Would you mind ～？**「～していただけませんか？」という**相手の承諾を期待して依頼する表現**もよく出るので、おさえておきましょう。

Do you mind if I open the window? 「あなたは私が窓を開けるのを気にしますか？」 ＝「私が窓を開けてもいいですか？」 ⇒ **許可を求める表現**
Would you mind opening the window? 「あなたは窓を開けることを気にしますか？」 ＝「窓を開けていただけませんか？」 ⇒ **相手の承諾を期待して依頼する表現**

POINT **6** andが弱形になる頻出表現

andは、【アンドゥ】のように発音されることはまれで、**実際には【アン】や【ン】のように【弱形】で読まれることが多くなります**。特に【ン】で読まれる表現は、あらかじめその音を知らないと聞き取ることが難しいので、ここで紹介します。

bread and milk「パンと牛乳」	【ブウェッドゥンミゥク】
black and white「白と黒」	【ブラックンワイトゥ】
good and evil「善と悪」	【グッドゥンイーヴォゥ】
fish and chips「フィッシュアンドチップス」	【フィッシュンチップス】

POINT **7** nとthのリンキング

nの後ろにthが置かれると、本来の濁った音が欠落することがあ

るので、おさえておきましょう。弱形の and【アン】の後ろの th
も音が欠落することがあります。

n＋theの音の変化	読みかた
in their house	【インネアハウス】
in the air	【インニエアー】
and then	【アンネン】

POINT 8 　canとcan'tの聞き取り

　canの発音を【キャン】ととらえていると、can't【キャン（トゥ）】
と区別がつかなくなります。can't の t がはっきり読まれないこと
が多いからです。実際には can は【クン】のように弱く読まれて、
can't は【キャーン（トゥ）】や【カーン（トゥ）】と強勢が置かれて
読まれることが多いので、それをおさえておけば区別できるでしょう。

	読みかた
can	【クン】
can't	【キャーン（トゥ）】・【カーン（トゥ）】

POINT 9 　before ／ behind ／ belowの発音

　この3つの単語は、【バフォー】、【バハインドゥ】、【バロゥ】と
読まれることもあるので、おさえておきましょう。be を【ビ】と
するか【バ】とするかの違いだと覚えておいてください。

	読みかた①	読みかた②
before	【ビフォー】	【バフォー】
behind	【ビハインドゥ】	【バハインドゥ】
below	【ビロゥ】	【バロゥ】

POINT 10 　位置関係を表す英語表現

① 上下の関係　above・over「〜の上に」⇔ below・under「〜の下に」
② 左右の関係　next to「〜の隣に」
③ 前後の関係　in front of「〜の前に」⇔ behind「〜の後ろに」
④ 前後、左右で挟まれている関係　between A and B「AとBの間に」
⑤ 内側か外側かの関係　inside「〜の内側に」⇔ outside「〜の外側に」

POINT 11 　フラップT

英語表現	[d]に近い音に変化	[l]に近い音に変化
water	【ウォーダー】	【ウォーラー】
better	【ベダー】	【ベラー】
party	【パーディ】	【パーリィ】
get up	【ゲダップ】	【ゲラップ】
shut up	【シャダップ】	【シャラップ】
check it out	【チェキダゥ】	【チェキラゥ】

　tが前後を母音に挟まれているときに、**[d]や[l]に近い音でtを発音する**ことがあります。例えば、単語レベルでは、上の表にある通り、waterのtは、前後をaとeの母音に挟まれています。[d]や[l]に近い音へと変化するので、**【ウォーダー】**や**【ウォーラー】**のような音に変化します。

　続いて熟語レベルでは、get upのtに着目すると、前後をeとuの母音に挟まれているので、**【ゲダップ】**や**【ゲラップ】**の音に変化します。

POINT 12 地図で使う英語表現

① 現在地	You are here.
② 進行方向	Go straight ahead.「まっすぐ進む」 Turn to the left (right).「左(右)に曲がる」
③ ～に見える	on your left「左に」⇔ on your right「右に」
	around the corner「角の所に」 across from (opposite)「～の向かいに」
	next to (beside)「～の隣に」
	near (close to・by)「～の近くに」 ⇔ far (far from)「遠い」

POINT 13 聞き取りを2回に分けて解答する

　これは、第1問と第2問のように音声が2回読まれるリスニング問題で可能な技術です。**1回目の聞き取りで一部の情報を理解して選択肢を絞った上で、2回目の聞き取りで残りの情報に集中して、正解を導く手法です。**理想は1回目で完璧に理解することですが、万が一聞き逃しても切り替えて、2回目で残りの情報を理解するようにしましょう。

POINT 14 full を使った会話表現

① おなかが食べ物でいっぱい	I'm full.
② 場所が人でいっぱい	Every bus is full.「どのバスも満員だ」
③ 容器が物でいっぱい	The pot is full.「ポットは満杯だ」

　fullが聞こえたら、**「何かがいっぱいだ」**と連想できるようになりましょう。

POINT 15 「その通り」を意味する表現

You're right. は「あなたの言うことは正しい」＝「その通り」の意味になります。これ以外の**「その通り」を意味する英語表現**を紹介します。

① That's right.	「その通りだ」と相手の発言を肯定する表現です。
② Exactly.	「正確に」＝「その通り」で相手の発言に共感して同意する表現です。
③ Absolutely.	「絶対にその通り」でとても確信度の高い表現です。
④ Definitely.	「確実に」＝「その通り」で確信度の高い表現です。
⑤ Certainly.	「確実に」＝「その通り」で確信度の高い表現です。

POINT 16 否定疑問文の発音に注意する！

tと後ろの音が合わさって【チュー】となる場合と、tが脱落して【ニュー】と読まれる場合があるので、両方おさえておきましょう。

否定疑問文	読みかた①	読みかた②
① Don't you ～?	ドンチュー	ドンニュー
② Didn't you ～?	ディドゥンチュー	ディドゥンニュー
③ Aren't you ～?	アーンチュー	アーンニュー
④ Can't you ～?	キャンチュー	キャンニュー

POINT 17 形状を表す英語表現をおさえる!!

イラスト付きのリスニング問題では、形状を尋ねる英語表現が頻出です。ここでまとめるので、しっかりとおさえておきましょう。

形　状	英語表現
正方形の	square
丸い	round
三角形	triangle
長方形	rectangle

POINT 18 What will S do?型の設問は、
会話の最後に集中する‼

　設問の What will S do? は、「Sは**これから**何をするつもりか？」
の意味です。会話全体を理解しつつ、**最後の方に意識を集中**して、
「**会話後に何をやるか**」を念頭に聞き取ります。

POINT 19 提案表現

形　状	意　味
① Why don't you ～?【ワイドンニュー】	「～してはどうですか？」
② Why don't we ～?【ワイドンウィー】	「～しませんか？」 （自分を含めた提案）

　Why don't you ～？「～してはどうですか？」は、**簡単な提
案表現**になります。発音も注意しましょう。don'tのtの音が消え
てyouと一緒になり、**【ドンニュー】**のように読まれて**【ワイドン
ニュー】**となることがあります。またtの音を残してつながり**【ワ
イドンチュー】**のように読まれる場合もあります。

　一方で、**Why don't we ～？**は、「**～しませんか？**」という
Let's ～. に近い意味の**自分を含めた提案表現**です。**Why don't
we ～？**は**【ワイドンウィー】**のように読まれることに注意しましょ
う。

POINT 20 — What is true according to the conversation? の会話問題

　このパターンは、**設問の先読みの意味がほとんどない形式**になります。よって、**本文をしっかり聞いて理解すること**に集中して、選択肢をあとから見て判断しましょう。

POINT 21 — 3語がひとカタマリで発音される表現

3語をひとカタマリで読む表現	発音の目安
a couple of「2、3の〜」	【ァカプラ】
a lot of「たくさんの〜」	【ァララ】
a kind of「一種の〜」	【ァカインナ】

POINT 22 — 時の対比の目印になる表現

時の対比の目印になる表現
in the past「その昔」　／　used to do「以前は〜だった（今は違う）」
now「現在では」　／　currently「現在は」
nowadays「今日では（昔と違って）」

POINT 23 — 助動詞 ＋ have p.p. の発音

助動詞の表現と発音	意　味
must've been【マストゥヴィン】	「〜だったに違いない」
may've been【メイヴィン】	「〜だったかもしれない」
might've been【マイトゥヴィン】	
could've been【クドゥヴィン】	
should've p.p.【シュドゥヴ】	「〜すべきだったのに」

POINT 24 図表問題で頻出の表現とメモ取りの技術 その2

		英語表現	メモの取り方
①	増加	increase ／ rise ／ be on the rise「増える」	↗
②	減少	decrease ／ decline ／ fall ／ drop「減少する」	↘
③	程度	dramatically「劇的に」／ significantly「著しく」 gradually「徐々に」／ slightly「わずかに」	／
④	一定	remain the same「同じままだ」／ stable「安定した」	→

POINT 25 4桁の数字の読み上げパターン

4桁の数字は2種類の読みかたのパターンがあるので、注意が必要です。**1つ目がオーソドックスな読みかたで、千の位、百の位、十の位、一の位と読んでいきます。**例えば、2220は、two thousand two hundred twentyと読みます。**2つ目が半分に分けて、それぞれを2桁の数とみなして読む方法です。**2220なら、twenty-two twentyと読みます。

POINT 26 heやsheと合わさる音の変化

heやsheが他の語と合わさって、音の変化を生み出すことがあります。ここでは典型的なものを整理します。

	but	does	did
① he	But he【バッヒィ】	Does he【ダッヒィ】	Did he【ディディー】
② she	But she【バッシィ】	Does she【ダッシィ】	Did she【ディッシー】

得点力アップのPOINT集

POINT 27　メモ取りの技術　その3

　第4問のB問題で、A～Cの条件に該当するかの判断ができない場合には、△を使いましょう。理想は、確信をもって〇か×を付けることですが、すべての条件を簡単に聞き取れるとも限りません。そういった場合には、適当に〇か×を付けるのではなく、とりあえず△を付けて、他の条件や選択肢で確実に判断できるものから正解を選びましょう。

POINT 28　第5問はワークシートの先読みが最重要！

　第5問は共通テストリスニングの最大の難所ですが、コツをつかめば得点源にもなります。最初のコツは、**ワークシートを先読みして英語音声の聞き取るべき箇所を限定すること**です。これをすれば、第5問の半分以上の問題が解答できますから、最大の難関を一気に乗り越えることができます。

POINT 29　第5問の問33は、グラフの読み取りが重要！

　第5問の最後の問題は、今までの出題パターンでは、**後半で流れる音声以上に、グラフの読み取りが重要**になることがあります。

POINT 30　メモ取りの技術　その4

　第6問のB問題は、〇と×を使いながら、登場人物ごとに、設問のテーマに沿ってメモを取ることが重要です。名詞や動詞を中心にメモを取り、**特に問37で問題になる登場人物は、詳細にメモを取りましょう。**